De la part de l'auteur

GRAMMAIRE

FRANÇAISE.

On trouve chez les mêmes libraires, les ouvrages suivants du même auteur :

Grammaire anglaise, 1 franc 50 centimes.

Grammaire italienne, 1 franc 50 centimes.

Tableau Synoptique et Comparatif des langues française, italienne et anglaise.

Tableau Synoptique et Prosodique des Verbes de la langue française, 60 cent.

On ne doit ajouter foi qu'aux exemplaires signés J. N. Blondin.

J. N. Blondin

GRAMMAIRE FRANÇAISE

SIMPLIFIÉE.

PAR J. N. BLONDIN,

Ci-devant Interprète du Roi, membre de plusieurs sociétés savantes.

DÉDIÉE

A S. Ex. Monseigneur le Ministre de l'Intérieur, honorée de la souscription de Leurs Majestés l'Empereur et l'Impératrice de Russie.

SIXIÈME ÉDITION,

Dans laquelle sont prosodiés les verbes réguliers et irréguliers de la langue française, sont résolus par deux seules règles, tous les paticipes passés.

PRIX : 1 FRANC 50 CENT.

A PARIS,

CHEZ l'Auteur, rue Bertin-Poirée, N°. 8;
PÉLICIER, Libraire, Palais-Royal, galerie de la place, N°s. 4 et 10;
MARTINET, Libraire, rue du Coq St.-Honoré.

1808.

COPIE DE LA LETTRE DE M. NICOLAŸ, *Sécretaire de* PAUL, *Grand-Duc, depuis Empereur de Russie.*

St. Pétersbourg, ce 18 *septembre* 1792.

JE commence par vous remercier, Monsieur, du joli cadeau que vous avez eu la complaisance de me faire. Si je savais que la langue Allemande vous fut connue, je prendrais la liberté de vous envoyer en revanche, un exemplaire de la nouvelle édition qu'on vient de faire de mon griffonnage. J'ai fait parvenir les autres paquets à leur adresse, et j'ai l'honneur de joindre ici la réponse de Monseigneur mon Maître.

J'ai l'honneur d'être
avec une considération distinguée,
Monsieur,
Votre très-humble et très-obéissant serviteur NICOLAŸ.

COPIE DE LA LETTRE DE PAUL, GRAND-DUC, DEPUIS EMPEREUR DE RUSSIE.

JE viens de recevoir, Monsieur, votre lettre en date du 18 novembre de l'année passée, avec les deux exemplaires de vos éléments de grammaire joints à votre précis de la langue française, dont ma femme et moi nous vous sommes également obligés. C'est avec plaisir que nous vous autorisons, l'un et l'autre, à nous mettre au nombre de vos souscripteurs pour l'ouvrage que vous m'anoncez, et dont la destination et les suffrages qu'il a obtenus d'avance, ne peuvent que donner l'idée la plus avantageuse.

Je suis parfaitement, Monsieur,
Votre affectionné PAUL.

Du Château de Gatschina, ce 17 *septembre* 1792.

A Monsieur Blondin, Secrétaire-Interprète du Roi de France, à Paris.

PRÉFACE.

Tous les auteurs qui ont écrit sur la grammaire française, ont eu pour but :

1°. D'en rendre l'étude plus facile.

2°. De dissiper les doutes qui peuvent se présenter.

3°. De porter la langue à sa perfecĉon.

Je ne dirai pas comme certains critiques tranchants, que plus on fait de méthodes, moins la langue se perfectionne ; c'est un paradoxe. Je pense au contraire que tous les grammairiens qui n'ont point voulu innover, et nous faire adopter leurs rêveries, se sont rendus fort utiles, c'est ici l'occasion de leur appliquer ce vers de Voltaire :

De nos cailloux frottés il sort des étincelles.

J'estime en général ceux qui ont suivi la carrière dans laquelle je me montre aujourd'hui, pour la sixième fois, avec de nouveaux matériaux, fruits d'un long travail, et des plus mûres réflexions.

Les détails dans lesquels je suis entré, faciliteront l'étude de la langue française.

Toutes mes questions sont autant de problémes qui n'avaient point été proposés jusqu'à ce jour, et dont la solution intéresse d'autant plus, que la précision et la justesse en sont la base. Je n'ai rien épargné pour tâcher de me rendre utile ; mais je ne me flatte pas d'avoir épuisé la matière. Je recevrai avec reconnaissance les observations qui tendraient à perfectionner mon ouvrage. J'en profiterai pour y faire les corrections et les additions que l'on voudra bien m'indiquer.

LA GRAMMAIRE FRANÇAISE *SIMPLIFIÉE.*

La Grammaire est l'art de parler et d'écrire correctement.

Pour parler et pour écrire correctement, on emploie des mots : les mots sont composés de lettres.

Il y a dans la langue française vingt-trois lettres ou caractères, dont cinq voyelles *a*, *e*, *i*, *o*, *u*.

Dix-neuf consonnes, *b*, *c*, *d*, *f*, *g*, *h*, *j*, *k*, *l*, *m*, *n*, *p*, *q*, *r*, *s*, *t*, *v*, *x*, *z*.

Ces lettres suivant l'appellation moderne, sont masculines. Académie.

Les *voyelles* sont ainsi appelées, parce qu'elles rendent des sons par elles-mêmes.

Les *consonnes* ne rendent de son qu'avec le secours des voyelles.

DES ACCENTS.

Les accents sont des marques particulières qui affectent la prononciation des mots.

Il y a trois sortes d'accents ; l'accent aigu, l'accent grave, l'accent circonflexe.

L'accent aigu (´) se place sur l'*e* fermé ; *régénéré*, *préparé*.

L'accent grave (`) se met sur l'*e* ouvert, et sur les mots *là* et *où*, quand ils indiquent le lieu. *Procès*, *père*, *allez-là*, cet arbre-*là*, *où* irez-vous demain ?

L'accent circonflexe (^) se place sur toutes les voyelles indistinctement. *Blâme*, *extrême*, *dôme*, *flûte*.

Sûr certain, prend un accent circonflexe pour le distinguer de *sur* aigre.

Dû, participe passé du verbe devoir, ne prend d'accent circonflexe qu'au singulier masculin. Il m'est *dû* de l'argent.

DES SYLLABES.

Une *syllabe* est un son formé d'une seule ou de plusieurs lettres. *A-ma-bi-li-té*.

DES DYPHTONGUES.

Une *dyphtongue* est la réunion de plusieurs voyelles qui ne forment qu'un son. Impér*ieux*, *ciel*, majest*ueux*.

DE L'APOSTROPHE.

L'apostrophe (') marque le retranchement d'une de ces trois voyelles, *a,e,i.* Elle remplace l'une de ces trois lettres, lorsque le mot suivant commence par une voyelle ou par un *h* non aspiré. Ainsi l'on écrit *l'amitié* pour *la amitié*, *l'enfant* pour *le enfant*, *l'homme* pour *le homme*, *s'il* pour *si il.*

Presque et *entre* n'admettent l'apostrophe, que lorsqu'ils servent à composer un mot commençant par une voyelle ; *entr'acte, presqu'île.*

Hors de là, il faut conserver l'*e* muet ; *entre elles*, *entre eux.*

DE LA CÉDILLE.

La *cédille* est une petite virgule que l'on met sous les *c* suivis des voyelles *a,o,u. Façade, façon, reçu.*

DU TRAIT D'UNION.

Le *trait d'union* (-) est une petite ligne qui sert à unir deux mots. *Celui-ci.*

Dans les mots terminés par *a* ou par *e* suivis de *t-il? t-elle? t-on?* le *t* se place entre deux traits d'union.

Gagea t-il? gagea-t-elle? gagea-t-on? gage-t il? gage-t-elle? gage-t-on?

DU TRÉMA.

Le *tréma* sont deux points que l'on place sur les voyelles ë, ï, ü; ils indiquent qu'il faut faire une syllabe du mot qui précède la voyelle affectée du tréma. *Naïade*, *baïonnette*, *Baïonne*, *faïence*, *païen*, *aïeul*, *Moïse*, *Noë*, *Aglaë*, *ciguë*, *Saül*, nous contribuïons.

DE L'ASTÉRISQUE.

L'*astérisque* (*) est une petite étoile qui sert de renvoi.

DES GUILLEMETS.

Les *guillemets* (») sont des doubles virgules que les compositeurs mettent au bout des lignes pour marquer les citations.

DE LA PARENTHÈSE.

La *parenthèse* ( ) sont des paroles qui forment un sens distinct et séparé de celui de la période où elles sont insérées.

Je voudrais être (vous le croyez bien) un homme riche, je ferais des heureux.

DE LA PONCTUATION.

DES VIRGULES ET DES POINTS.

La *virgule* (,) se met dans une phrase pour y séparer différents sens. Elle se place après les substantifs, les adjectifs, les verbes qui se suivent.

Pauline, *Sophie*, *Adélaïde*, sont *jolies*, *aimables*, *bienfaisantes*, *vertueuses*.

Le point réuni à la virgule (;) se met après une phrase dont le sens est fini; mais qui est suivie d'une autre qui sert à l'éclaircir.

Le diamant a son prix ; un bon conseil n'en a pas.

Les deux points (:) s'emploient quand on annonce un discours, une citation.

» On a dit de La Motte : il voulait rire » comme La Fontaine ; mais il n'avait pas la » bouche faite comme lui, et il faisait la » grimace. «

Le point (.) termine les phrases dont le sens est absolument fini.

Celui qui met un frein à la fureur des flots,
Sait aussi des méchants arrêter les complots.
RACINE.

Le point interrogatif (?) se met à la fin des phrases qui indiquent une interrogation ; comment trouvez-vous cet ouvrage?

Le point admiratif (!) se met après les phrases qui expriment l'admiration ; qu'il est doux d'essuyer les larmes du malheureux!

Le point suspensif sert à désigner les morceaux dont l'intérêt exige une longue suspension.

Dans un noir accès de jalousie et de fureur, Orosmane, dans Zaïre, dit à son confident :

Cours chez elle à l'instant ; va, vole, Corasmin ;
Montre-lui cet écrit... qu'elle tremble.... et soudain
De cent coups de poignard que l'infidèle meure.
Mais avant de frapper.... ah ! cher ami, demeure,
Demeure ; il n'est pas temps, je veux que ce chrétien
Devant elle amené.... non... je ne veux plus rien.
Je me meurs... je succombe à l'excès de ma rage.
VOLTAIRE.

DES PARTIES DU DISCOURS.

La langue française est composée de neuf sortes de mots :

L'Article, le Nom, le Pronom, le Verbe, le Participe, l'Adverbe, la Préposition, la Conjonction, l'Interjection.

1o. L'ARTICLE.

L'article se place devant les noms; il en détermine le genre et le nombre.

Le, *la*, *les*, *du*, *de la*, *des*, *au*, *aux*.

Il y a deux sortes d'articles : l'article défini et l'article indéfini.

L'article défini désigne clairement l'objet; *la* jolie fleur.

L'article indéfini *de*, *à*, ne le fait connaître que d'une manière vague et indéterminée; que *de* livres. J'ai cette sottise *à* cœur.

DU GENRE.

Le genre sert à distinguer ce qui est relatif à l'homme ou à la femme.

Il y a deux sortes de genres; le masculin : *le* ou *un* fauteuil, le féminin : *la* ou *une* table.

DU NOMBRE.

Le nombre indique une ou plusieurs personnes, une ou plusieurs choses : *la femme*, *les femmes*, *le miroir*, *les miroirs*.

2o. le Nom.

Il y a deux sortes de noms : le nom substantif et le nom adjectif.

Le nom substantif sert à nommer les personnes ou les choses, *Victoire*, *harpe*. Il se reconnaît, quand on peut y joindre *un* ou *une* ; ainsi *armoire* est un substantif parce que je puis dire *une armoire*.

Le nom adjectif exprime la qualité ou la modification de la chose. Il se reconnaît, quand on peut y joindre le mot *personne* ou *chose*; que vous êtes *grand* ! Je reconnais que *grand* est un *adjectif*, parce que je puis dire *personne grande*, *chose grande*.

Le substantif est physique ou métaphysique.

Il est physique, quand il frappe les sens ; *jardin*, *château*.

Il est méthaphysique, quand il n'existe que dans la pensée ; *la prudence*, *la science*.

Des espèces de Noms substantifs.

Il y a trois sortes de noms substantifs ; 1o. les substantifs communs, 2o. les substantifs propres, 3o. les substantifs collectifs.

1o. Les substantifs communs conviennent à plusieurs personnes ou à plusieurs choses semblables. Leur lettre initiale doit être minuscule ; *lorgnette*, *fable*.

2o. Les substantifs propres conviennent à

plusieurs personnes ou à plusieurs choses semblables. Leur lettre initiale doit être majuscule ; *Antoine*, *Rome*.

3o. Les substantifs collectifs quoiqu'au singulier, présentent à l'idée plusieurs personnes ou plusieurs choses. *Le peuple*, *l'armée*, *la forêt*.

Pluriel des substantifs et des adjectifs.

Les substantifs et les adjectifs forment leur pluriel en ajoutant un *s* au singulier. *Des enfants instruits.*

Exceptions.

Les subtantifs terminés au singulier par *s*, *x*, *z*, les noms propres de personnes, les mots dérivés de langues étrangères, s'écrivent au pluriel comme au singulier.

Un ou des *fils*, *nez*, *choix*, *Bossuet*, *forte-piano*, *duo*, *opera*, *quatuor*, etc.

Quand le substantif précédé de l'article indéfini de, *doit-il être au singulier ou au pluriel ?*

Quand après le substantif précédé de l'article indéfini *de*, on peut ajouter ces mots : *en général*, *quelconque*, le substantif doit être au singulier ; mais l'orsqu'on peut mettre un de ces mots : *deux*, *plusieurs*, *quelques*, *différents*, le substantif doit être au pluriel.

Un pot de *renoncules, d'anémones*; c'est-à-dire, composé *de plusieurs renoncules*, *de plusieurs anémones.*

Un bouquet *de jasmin*, *d'héliotrope*, *de réséda;* (quelconque.)

Des roulettes *de lit*; plusieurs roulettes pour un lit.

Des bois *de lits*, plusieurs bois de lits, pour servir à différents lits.

Quels sont les substantifs et les ajectifs qui prennent un **x** *au pluriel?*

Les substantifs et les adjectifs dont l'*u* final est précédé d'une voyelle, prennent un *x* au pluriel; mais ceux dont l'*u* final est précédé d'une consonne, prennent un *s* : des *tableaux connus?*

EXCEPTIONS.

Les quinze mots suivants prennent un *s* au pluriel; des *bambous*, des habits *bleus*, des *clous*, des *cous*, des *coucous*, des *écrous*, des *filous*, des *fous*, des *grigous*, des *licous*, des *matous*, des fromages *mous*, des *sous*, des *trous*, des *francs-alleus.* (Terres exemptes de droits seigneuriaux.)

Quels sont les substantifs terminés par aux *au pluriel?*

Les substantifs terminés par *al* ou par *ail*,

changent *al* ou *ail* en *aux* au pluriel. Un *canal*, des *canaux*. Un *émail*, des *émaux*.

EXCEPTIONS.

Les six mots suivants terminés par *al*, prennent un *s* au pluriel. Des *pals* (pieu aiguisé) des *bals*, des *cals*, (durillon qui vient aux pieds) des *carnavals*, des *régals*, des *avals*, terme de négoce. C'est une souscription qu'on met au bas d'un billet par laquelle on s'oblige d'en payer le contenu, en cas qu'il ne soit pas acquitté par celui qui l'a souscrit.

Les onze mots suivants terminés par *ail*, prennent un *s* au pluriel. Des *attirails*, des *camails*, des *détails* des *épouvantails*, des *éventails*, des *gouvernails*, des *mails*, des *poitrails*, des *portails*, des *sérails*, des *travails*, où l'on met les chevaux, pour les distinguer *de travail*, fatigue, peine.

De *l'ail*, des *aulx*, *bétail*, des *bestiaux*, *bercail*, sans pluriel; *ciel*, firmament, plur. *cieux*, *ciel* de lit, de peintre; plur. *ciels*; *œil de bœuf*, animal, plur. *yeux*; *œil de bœuf*; croisée ovale, plur. *œils*; *aïeul*, des *aïeux*, généralement ceux de qui on descend. Des *aïeuls*, quand on désigne le grand-père paternel et le maternel.

Universel plur. *universaux*. Terme de philosophie.

Quels sont les substantifs qui ont le même son, et une terminaison différente?

Ce sont les substantifs terminés :

1o. Par *anse* au lieu de *ance* ; *une anse*, *la danse*, *la panse* (ventre), *la transe*.

2o. Par *ense* au lieu de *ence; défense*, *dépense*, *dispense*, *offense*, *récompense*.

3o. Par *eure* au lieu de *eur : beurre; demeure*, *heure*, un *leurre*, chose dont on se sert artificieusement pour attirer quelqu'un afin de le tromper.

4o. Par *oure* au lieu de *our; bravoure*, *pandoure* (soldat hongrois.)

Quelles sont les lettres que l'on doit conserver par raison d'étymologie?

On doit conserver *p* dans le mot *temps*, à cause de *temporel*, *temporiser*.

On doit conserver *y* dans les mots dérivés du grec et du latin ; *analyse*, *mystère*, *style*, *physique*, etc.

On doit conserver *t* au pluriel dans les mots terminés par *ant* et par *ent*, à cause de l'éthymologie latine; *des enfants diligents*, *savants*, *prudents*.

Manière de former le féminin des adjectifs.

Les adjectifs forment leur féminin en ajoutant un *e* muet à la lettre finale. *Joli bosquet*, *demoiselle accomplie.*

Les adjectifs terminés par un *e* muet, sont masculins et féminins, une femme *peintre*, *libraire*, *poëte.*

Quels sont les adjectifs qui sont des deux genres?

Les adjectifs suivants sont des deux genres.

Prédécesseur, *successeur*, *orateur*, *amateur*, *auteur*, *compositeur*, etc.

Un homme ou une femme, *auteur*, *amateur*, *orateur*, *compositeur*, etc.

Quels sont les adjectifs qui prennent trois e *au féminin ?*

Les six adjectifs suivants prennent trois *e* au féminin; les deux premiers sont fermés, le dernier est muet. *Agréée*, *créée*, *suppléée*, *récréée*, *gréée*, (frégate qui a ses agrès) *dégréée*, (frégate qui les a perdus.) *Fat* et *dispos* se disent seulement au masculin.

Quelle est la manière de connaître quand un adjectif doit doubler la conson-

ne avec l'e muet au féminin, ou ne doit pas la doubler?

Les adjectifs terminés par *al*, *at*, *il*, *it*, *un*, *ut*, ajoutent seulement un *e* muet au féminin. Une femme *libérale*, *délicate*, *civile*, *petite*, *brune*, *brute*. *Orale*, masc. et fém.

Les adjectifs qui ne sont pas terminés de cette manière, doublent la consonne avec l'*e* muet au féminin.

Une personne *superficielle*, *folle*, *sujette*, *sotte*, *nulle*.

EXCEPTIONS.

Les adjectifs suivants ne doublent pas la consonne avec l'*e* muet au féminin. *Complète*, *concrète*, *discrète*, *inquiète*, *secrète*, *cagote*, *dévote*, *bigote*, *idiote*, *seule*, *gentille* (parce que les deux *l* sont mouillés) *fidelle*, masc. et fém. ACADÉMIE.

Adjectifs terminés par f.

Les adjectifs terminés par *f*, changent *f* en *ve* au féminin; *naïf*, *naïve*.

Adjectifs terminés par c.

Les adjectifs terminés par *c*, changent *c* en *que* au féminin *turc*, *turque*, *grec*, *grecque*, conserve le *c* au féminin.

Blanc, *franc*, *sec*, féminin, *blanche*, *franche*, *sèche*.

Adjectifs terminés par x.

Les adjectifs terminés par *x*, changent *x* en *se* au féminin, *heureux*, *heureuse*.

Excepté, *doux*, *douce*, *faux*, *fausse*, *préfix*, *préfixe*, *roux*, *rousse*.

Adjectifs terminés par eur.

Les adjectifs en *eur*, peuvent être terminés de quatre manières au féminin. Par *eure*; par *rice*, par *euse*, par *eresse*; *intérieur*, *intérieure*, *acteur*, *actrice*, *flatteur*, *flatteuse*, *chasseur*, *chasseuse* en prose; *chasseresse* en poësie; *vengeur*, *vengeresse*.

Quand bénit *doit il prendre pour lettre finale* t *ou ne doit il pas le prendre?*

Bénit prend pour lettre finale *t*, quand il a rapport au culte; il ne le prend pas, quand il n'y a point rapport.

Pain *bénit*, église *bénite*, enfant *béni* par son père, fille *bénie* par sa mère.

Accord de l'adjectif avec le substantif.

L'adjectif doit prendre le genre et le nombre du substantif. *Une fleur épanouie*, *des fleurs épanouies*.

Adjectif précédé de substantifs de divers genres.

Quand l'adjectif est précédé de substantifs de divers genres, il doit être au pluriel masculin. Il faut avoir attention de mettre le plus près du verbe le substantif masculin.

Votre *sagacité*, votre *éloquence* et votre *savoir*, sont *étonnants*.

Adjectif précédé de deux substantifs de chose, quel genre prend-il?

L'adjectif précédé de deux substantifs de chose, prend le genre du substantif qui le précède.

Devienne joue dans les deux précepteurs, avec un goût et une *finesse exquise*.

Nu, demi *placés avant ou après le substantif, quand sont-ils variables ou invariables?*

Nu, *demi* placés avant le substantif, sont invariables, et en sont séparés par un trait d'union; mais placés après le substantif, ils en prennent le genre et le nombre.

Nu-pieds, *nu-tête*, une *demi-heure*.

Pieds nus, *tête nue*, une heure et *demie*.

Les adjectifs qui n'ont rapport à aucun substantif, sont-ils variables?

Les adjectifs qui n'ont rapport à aucun

substantif, sont invariables. Cette fleur *sent bon* (ce qui est bon) mademoiselle tenez-vous *droit*.

Quels sont les adjectifs qui n'ont pas de pluriel masculin?

Les adjectifs suivants n'ont pas de pluriel masculin. *Austral*, *automnal*, *boréal*, *canonial*, *colossal*, *conjugal*, *fatal*, *filial*, *final*, *idéal*, *littéral*, *matinal*, *médical*, *médicinal*, *paschal*, *pastoral*, *pectoral*, *trivial*, *vénal*, etc.

Quelle est la manière de s'assurer par l'étymologie latine et italienne, quand un adjectif doit-être terminé par ant *ou par* ent; *et quand un substantif doit l'être par* ance *ou par* ence?

Les adjectifs terminés en latin par *ans antis*, en italien par *ante*, ont pour désinence en français, *ant*; mais ceux terminés en latin par *ens*, *entis*, en italien par *ente*, ont pour désinence en français, *ent*.

Latin, *vigilans, antis*, italien, *vigilante*, français, *vigilant*.

Latin, *prudens*, *entis*, italien, *prudente*, français, *prudent*.

Les substantifs terminés en latin par *antia*, *œ*, en italien par *anza*, ont pour désinence en français *ance*; mais ceux terminés en latin par *entia*, en italien par *enza*, ont pour désinence en français *ence*.

Latin,

Latin, *vigilantia*, *æ*, italien, *vigilanza*, français, *vigilance*.

Latin, *prudentia*, *æ*, italien, *prudenza*, français, *prudence*.

DES DÉGRÉS DE COMPARAISON.

Du Comparatif.

Le comparatif est une manière d'exprimer une chose comparée à une autre par une même ou par différentes qualités.

DES ESPÈCES DE COMPARATIFS.

Il y a trois sortes de comparatifs : 1o. de supériorité, *plus*; 2o. d'infériorité, *moins*; 3o. d'égalité, *aussi*, *autant*.

DU SUPERLATIF.

Le superlatif est l'adjectif ou la qualité représentée dans un dégré suprême.

DES ESPÈCES DE SUPERLATIFS.

Il y a deux sortes de superlatifs : absolus, relatifs.

Les superlatifs absolus sont : *très*, *fort*, *bien savant*.

Les superlatifs relatifs sont : *le plus*, *la plus*, *les plus aimables*.

Comparatifs et Superlatifs irréguliers.

Meilleur, le meilleur, moindre, le moindre, pire, le pire *ou* le pis.

Quand les superlatifs le plus, le moins, le mieux, *doivent ils être invariables?*

Les superlatifs *le plus*, *le moins*, *le mieux*, sont invariables, quand ils n'expriment point de comparaison entre les personnes et les choses, et qu'ils désignent la quantité ou la manière.

Laquelle de ces demoiselles a *le plus*, *le moins*, *le mieux dansé*. C'est-à-dire a *plus*, *moins*, élégamment dansé, ou *mieux* dansé.

La plus, la moins, la mieux *peuvent-ils se répondre seuls après une question?*

La plus, *la moins*, *la mieux*, ne se répondent jamais seuls après une question.

Quelle est la plus musicienne de ces deux demoiselles? On ne doit pas répondre *celle-ci* l'est *la plus*; mais, c'est *celle-ci*.

des Noms de nombre.

Les noms de nombre servent à compter.

des espèces de Noms de nombre.

Il y a deux sortes de noms de nombre: les cardinaux, les ordinaux.

Les cardinaux servent à compter ; *un*, *deux*, *quarante*, etc.

Les ordinaux servent à ranger. Ils se forment des cardinaux en ajoutant *ième*, *vingt*, *vingtième*. *Douze*, *douzième*.

Quand cent, quatre vingt *prennent-ils* s *au pluriel*, *ou ne le prennent-ils pas?*

Cent, *quatre-vingt* suivis d'un substantif pluriel prennent *s*; mais suivis d'un nom de nombre, ils ne le prennent point.

Cinq-cents chevaux, *quatre vingts dames*. *Quatre-cent-douze francs*, *quatre-vingt-douze lieues*.

Quand doit-on écrire mil, mille, milles?

Ecrivez *mil* dans les dates. *Mille* dans les autres cas. *Mille* pas géométrique, prend *s* au pluriel, parce qu'il est substantif. L'an *mil* j'ai laissé deux *mille* chevaux à six *milles* d'ici.

3°. le Pronom.

Le pronom se met à la place du nom substantif pour en éviter la répétition.

des espèces de Pronoms.

Il y a sept sortes de pronoms : personnels, conjonctifs, possessifs, démonstratifs, relatifs, interrogatifs, indéfinis ou indéterminés.

1°. Pronoms Personnels.

Les pronoms personnels tiennent la place des personnes ou des choses, ils sont le sujet du verbe, et répondent au mot *qui est-ce qui?*

Ce sont :

Je ou *moi*, *tu* ou *toi*, *il*, *elle*, *on*, pour le singulier.

Nous, *vous*, *ils*, *elles*, pour le pluriel.

Quand on *a rapport à un nom féminin, quel genre doit-il régir?*

On ayant rapport à une femme, régit l'adjectif au féminin. Une mère en parlant à sa fille doit lui dire : ma fille *on* est toujours *belle*, *opulente*, *charmante*, quand *on* est *parée* de sa modestie.

Quand doit-on écrire l'on *au lieu de* on?

On doit écrire *l'on* après *si*, *où* et *que* suivis d'un *c* ayant le son de *que*, par raison d'euphonie, c'est-à-dire pour ne point blesser la délicatesse de l'oreille. *Si l'on* savait; *où l'on* s'assied; *que l'on* connaît.

2°. Pronoms Conjonctifs.

Les pronoms conjonctifs sont toujours joints aux verbes dont ils reçoivent l'action.

Ils en sont le régime, et répondent à *qu'est-ce que?*

Ce sont :

Me, te, se, nous, vous, le, la, les, lui, leur, y, en.

Quand lorsqu'on interroge, doit-on répondre ou écrire, je la *suis, nous* les *sommes, je* le *suis, nous* le *sommes?*

On doit dans l'interrogation répondre je *la* suis, nous *les* sommes, quand *la, les*, répètent le substantif. Madame êtes-vous *la parente* de madame? oui je *la* suis. Etes-vous *les parentes* de monsieur? oui nous *les* sommes.

On doit répondre et écrire je *le* suis, nous *le* sommes, 1o. Quand *le* répète l'adjectif, 2o. Quand *le* répète un substantif pris adjectivement, 3o. Lorsque la phrase est hypothétique.

Madame êtes-vous *parente* à monsieur? oui je *le* suis (parente). Mesdames, sommes-nous *parentes?* oui nous *le* sommes (parentes). Seriez-vous *femme* à faire cette entreprise? oui je *le* serais.

Mademoiselle, *si vous étiez ma fille*, je vous donnerais une brillante éducation. La jeune personne doit répondre ; mais je ne *le* suis pas, et non point je ne *la* suis pas ; puisqu'elle n'est pas la fille de la personne qui offre de lui donner de l'éducation.

Quelle est la manière d'employer les pronoms conjonctifs lui, elle, leur, eux, elles, la, les, y, en?

Lui, *elle*, *leur*, *eux*, *elles*, s'adaptent aux personnes ou aux êtres personnifiés; mais *la*, *les*, *y*, *en*, ne s'adaptent qu'aux choses.

Est-ce là votre ami? c'est *lui*. Est-ce là votre sœur? c'est *elle*. Sont-ce là leurs enfants? ce sont *eux*. Sont-ce là vos demoiselles? ce sont *elles*. Est-ce là votre intention? ce l'*est* ou c'est mon intention. Sont-ce là vos ouvrages? ce *les* sont. Ma table est cassée mettez *y* un pied.

3o. Pronoms Possessifs.

Les pronoms possessifs marquent la possession d'une personne ou d'une chose.

Il y a deux sortes de pronoms possessifs: les pronoms possessifs absolus, les pronoms possessifs relatifs.

Les pronoms possessifs absolus précèdent toujours le nom substantif auquel ils sont joints.

Ce sont:

Mon, *ma*, *mes*, *ton*, *ta*, *tes*, *son*, *sa*, *ses*, *notre*, *nos*, *votre*, *vos*, *leur*, *leurs*.

Les pronoms possessifs relatifs ne sont pas joints au substantif; mais ils le supposent énoncé auparavant, et y ont relation.

Ce sont :

Le mien, la mienne, les miens, le tien, la tienne, les tiens, le sien, la sienne, les siens, le nôtre, la nôtre, les nôtres, le vôtre, la, vôtre, les vôtres, le leur, la leur, les leurs,

Quand votre *et* notre *doivent-ils prendre un accent circonflexe ou n'en doivent-ils pas prendre?*

Votre et *notre* suivis d'un substantif, ne prennent point d'accent circonflexe; mais précédés d'un des articles, *le*, *la*, *les*; *du*, *au*, *aux*, ils en prennent un.

Est-ce là *notre* voiture? c'est *la nôtre*. *La vôtre* est plus belle que la mienne.

Quand leur *prend-il* s *ou ne le prend-il pas?*

Leur suivi d'un substantif pluriel, ou précédé des articles *la*, *les*, prend *s*; mais suivi d'un verbe, il ne le prend pas.

J'admire *leurs* talents. *Les vôtres* sont plus grands que les leurs. Je *leur* envoie.

4°. Pronoms Démonstratifs.

Les pronoms démonstratifs démontrent les personnes ou les choses.

L'objet proche ; *ce*, *cet*, *cette*, *ces*, *voici*, *ceci*, *celui-ci*, *celle-ci*, *ceux-ci*, *celles-ci*.

L'objet éloigné ; *cela*, *voilà*, *celui-là*, *celles-là*.

Quand ce *doit-il prendre pour lettre initiale* c *ou* s ?

Ce doit prendre pour lettre initiale *c*, quand il est suivi de *qui* ou de *que*, ou quand il démontre une personne ou une chose ; mais *ce* doit prendre pour lettre initiale *s*, quand il est précédé d'un substantif, ou d'un des pronoms personnels, *on*, *il*, *elle*, *ils*, *elles*.

Ce qui, *ce que* ; *ce* levraut, *ce* lapereau, *ce* perdreau me paraissent bien tendres.

C'est moi. Est-*ce* moi ? *c*'était toi. Etait-*ce* toi ? hier *ce* fut lui ou elle. Fut-*ce* lui ou elle ?

Fut-*ce* eux ou elles ? demain *ce* sera nous. Sera-*ce* nous ? *ce* serait vous. Serait-*ce* vous ? *ce* seraient eux ou elles. Seraient-*ce* eux ou elles.

Quand doit on écrire ces *ou* ses ?

On écrit *ces*, quand on désigne l'objet ; *ses*, quand on indique la possession ou la propriété d'une personne ou d'une chose. *Ces* personnes-là sont aimables; votre neveu a vendu *ses* livres.

5°. Pronoms Relatifs.

Les pronoms relatifs ont toujours rapport à un nom ou à un pronom qui précède.

Ce sont :

Qui, *que*, *lequel*, *laquelle*, *lesquels*, *lesquelles*, *dont*, *de qui*, *quoi*.

Combien y a-t-il de sortes de que?

Il y a quatre sortes de *que*.

1°. Relatifs, 2°. conjonctifs, 3°. interrogatifs, 4°. admiratifs.

1°. Le *que relatif* est toujours précédé d'un substantif ou de *ce*.

Le livre *que* vous avez. *Ce* que vous dites.

2°. Le *que* conjonctif lie les membres de phrases, il n'est jamais précédé d'un substantif ou de *ce*.

J'espère *que* vous viendrez et *que* vous me rapporterez ma tabatiére.

3°. Le *que* interrogatif? quand on interroge.

Que prendrez-vous?

4°. Le *que* admiratif ! Quand on admire.

Quel beau spectacle !

Qui *précédé des prépositions* de, à, par, *peut-il s'employer indistinctement pour les personnes ou pour les choses ?*

Qui précédé d'une des prépositions *de*, *à*, *par*, ne se dit que des personnes ou des êtres personnifiés.

La personne *à qui* j'ai confié mes affaires ; les vertus *auxquelles* il faut sacrifier.

En poésie on peut déroger à cette règle qui donne plus de nerf et plus de précision à la phrase.

Je pardonne à la main *par qui* Dieu m'a frappé.
VOLTAIRE.

Quand qui, que, où, *régissent-ils le subjonctif ?*

Qui, *que*, *où*, précédés des superlatifs *le plus*, *la plus*, *les plus*, *le meilleur*, régissent le subjonctif.

C'est l'homme *le plus probe qui* ait existé.

Ce sont *les plus honnêtes gens que j'aie* connus.

Le meilleur usage que l'on puisse faire de ses richesses. C'est *le plus grand embarras où* je me *sois* trouvé.

Quand doit-on mettre ne *après* que?

Les mots suivants veulent le mot *ne* après *que?*

Plus, *moins*, *mieux*, *pis*, *autrement*, *meilleur*, *moindre*, *pire*, *autre*, *empêcher*, *craindre*, *avoir peur*, *appréhender*, *prendre garde*, *de crainte que*, *de peur que*.

Vous êtes tout *autre que* je *ne* croyais.

Cette toile m'a coûté *moins que* je *ne* m'y attendais.

7°. Pronoms Indéfinis ou Indéterminés.

Ces pronoms sont ainsi appelés, parce qu'ils expriment indéterminément un objet.

Ce sont :

Quelqu'un, *quelqu'une*, *autre*, *autrui*, *qui que ce soit*, *personne*, *aucun*, *aucune*, *nul*, *nulle*, *chacun*, *chacune*, *quelconque* *tout*, *quelque*.

Personne *régit-il l'adjectif au masculin ou au féminin?*

Personne suivi de *ne*, régit l'adjectif au masculin.

Personne n'est plus *spirituel*, plus *bienfaisant* que Julie.

Dans quel cas quelconque *prend-il s pour lettre finale ?*

Quelconque signifiant *nul*, *aucun*, *quelque ce soit*, est invariable ; mais dans le style didactique signifiant *quel qu'il soit*, il a un pluriel.

Dans toutes les occasions *quelconque*. Deux points *quelconques* étant donnés.

Pourquoi nul, nulle, aucun, aucune, *ne prennent-ils point la marque du pluriel ?*

Nul, *nulle*, *aucun*, *aucune*, ne prennent point la marque du pluriel, parce qu'ils sont employés dans la signification négative de *personne*, *pas une*. ACADÉMIE.

De toutes les personnes que j'ai invitées, *nulle* ou *aucune* n'est venue, c'est-à-dire *personne* ou *pas une* n'est venue.

Est-il des cas où nul *puisse s'employer au pluriel ?*

Quand *nul* signifie qui n'est d'aucune valeur, il a un pluriel. Vos procédures sont *nulles*. Ces hommes sont *nuls*.

Quand après chacun *doit-on employer* son, sa, ses, leur *ou* leurs ?

Chacun placé après le régime ou un verbe neutre, régit *son*, *sa*, *ses*; mais placé après le régime, il veut *leur*, *leurs*.

Remettez les livres que vous avez pris chacun à *sa* place.

Remettez *chacun* à *leur* place les livres que vous avez pris.

Ces juges ont opiné *chacun* selon *sa* probité et *ses* lumières.

Quand tout *suivi d'un adjectif et d'un* que *conjonctif, est-il variable ou invariable? quel temps régit-il?*

Tout suivi d'un adjectif pluriel masculin et d'un *que* conjonctif, ou d'un adjectif féminin commençant par une voyelle ou par un *h* muet, est invariable; mais suivi d'un adjectif féminin commençant par une consonne, il en prend le genre, le nombre, et régit les temps de l'indicatif.

Tout savants, *tout estimables* que sont ces jeunes-gens.

Tout aimables, *tout habiles* que *sont* ces demoiselles.

Toute belle, *toute riante qu'est* la campagne.

Quand quelque *suivi d'un adjectif et d'un* que *conjonctif, est-il variable ou invariable ? quel temps régit-il ?*

Quelque suivi d'un adjectif et d'un que conjonctif, ou signifiant *environ*, est invariable, et régit les temps du subjonctif; mais suivi d'un substantif, il devient adjectif, et en prend le nombre.

Quelque riches, *quelque puissants* que *soient* vos amis.

Il y a *quelque* trois cents ans que l'imprimerie a été découverte, c'est-à-dire il y a *environ* trois cents ans, etc.

Vous avez composé *quelques ouvrages.*

Quand doit-on séparer quel *de* que ?

Quand *quelque* est suivi immédiatement d'un verbe, on sépare *quel* de *que*, et on fait accorder *quel* en genre et en nombre avec le substantif qui précède ou qui suit le verbe; *quels que soient* vos moyens.

Vos richesses et vos talents *quels qu'ils* puissent être.

Quand tel que *sert à la comparaison, quel temps régit-il ?*

Quand *tel que* sert à la comparaison, il régit les temps de l'indicatif.

On craint de se voir tel qu'on est, parce qu'on n'est pas tel qu'on devrait être. FLÉCHIER.

4°. LE VERBE.

Le verbe exprime les actions du corps, *marcher*, de l'esprit, *penser*, du cœur, *aimer*.

Un verbe se reconnaît quand on peut y joindre un des pronoms personnels, *je*, *tu*, *il*, *elle*, *on*, etc. ainsi *charmer* est un verbe, parce que je puis dire *je charme*, *tu charmes*, *on*, *il*, *elle*, *charme*, etc.

DU SUJET DU VERBE.

Le sujet du verbe est la personne qui fait l'action. Il répond au mot *qui est ce qui?*

DU RÉGIME DU VERBE.

Le régime du verbe en reçoit l'action. Il répond au mot *qu'est-ce que?*

Il y a deux sortes de régimes : le régime direct et le régime indirect.

Le régime direct répond aux mots *qui*, pour les personnes, et *quoi* pour les choses.

Le régime indirect répond aux mots *de qui*, *à qui*, *par qui*.

Madame a envoyé *à sa cousine une bague de* brillant.

Qu'est-ce qui a envoyé? *Madame*, sujet. A qui a-t-elle envoyé? *à sa cousine*, régime indirect *Quoi? une bague*, régime direct. *De quoi? de brillant*, régime indirect.

Quelles sont les lettres radicales d'un verbe.

Les lettres radicales d'un verbe sont celles qui précèdent la syllabe commune à tous les verbes de la même conjugaison ; par exemple dans les verbes *chanter*, *recevoir*, les syllabes *chant*, et *recev* sont les lettres radicales.

DES CONJUGAISONS.

Il y a quatre conjugaisons que l'on connaît par la désinence de l'infinitif.

1. *er*, *donner* ; 2. *ir*, *courir* ; 3. *oir*, *recevoir* ; 4. *re*, *prendre*.

DES PERSONNES.

Les verbes ont trois personnes au singulier, *je*, *tu*, *il*, *elle*, *on;* et trois personnes au pluriel, *nous*, *vous*, *ils*, *elles.*

DES NOMBRES.

Il y a dans les verbes comme dans les noms deux nombres, le singulier, *on*, *il*, *elle croit.* Le pluriel, *ils* ou *elles* croient.

DES ESPÈCES DE VERBES.

Il y a cinq espèces de verbes, 1o. *actifs*, 2o. *passifs*, 3o. *neutres*, 4o. *réfléchis* et *réciproques*, 5o. *impersonnels.*

1o. Le verbe actif; marque l'action faite par le sujet. Il se reconnaît, quand on peut mettre après le verbe, *quelqu'un* ou *quelque chose*, comme *chérir.*

2o. Le verbe neutre; n'exprime aucune action. Il se reconnaît, quand on ne peut mettre après le verbe *quelqu'un* ou *quelque chose*, comme *venir*, *exceller.*

3o. Le verbe passif; marque une action reçue ou soufferte par le sujet. Il se reconnaît, quand on peut mettre après le verbe *de* ou *par quelqu'un*, *de* ou *par quelque chose*, comme *être brûlé.*

4o. Le verbe réfléchi ; a rapport à la personne qui parle. Il est précédé des pronoms *je me*, *tu te*, *il se*, *elle se*, *on se*, *comme*, *s'imaginer*, *je m'imagine*, etc.

Le verbe réciproque ; a rapport à plusieurs sujets qui agissent les uns sur les autres. Il est précédé des pronoms *nous nous*, *vous vous*, *ils se* comme, *nous nous imaginons*, etc

5o. Le verbe impersonnel ; n'a jamais rapport aux personnes, et n'a que la troisième personne du singulier dans tous ses temps, *il faut*, *il faudra*, *il serait* nécessaire.

TABLEAU SYNOPTIQ

Des temps simples et composés des auxiliaires AVO
la concordance de

Infinitif.

Exprime l'action, ou l'état d'une chose en général, sans aucun rapport exprimé de nombre ni de personne.

Avoĭr,	être,	(1) dānsĕr	fĭnĭr,	rĕcĕvoĭr,	rēndre.

Participe.

Ainsi nommé, parce qu'il participe de la nature du verbe et de celle du nom adjectif.

Présent.

Exprime une action présente; suppose un régime exprimé ou sous-entendu (qui ou quoi.)

Ayānt, ou en ăyānt,	dānsānt,	fĭnĭssānt,	rĕcĕvānt,	rēndānt.

Passé.

Est toujours précédé d'un des auxiliaires ăvoĭr ou être; sert à former les temps composés.

Eŭ,	ĕtĕ,	dānsĕ,	fĭnĭ,	rĕçŭ,	rēndŭ.

Indicatif présent.

Exprime une chose qui se fait actuellement.

	J'aĭ,	je suīs,	(2) je dānse,	je fĭnīs,	je rĕçoīs,	je rēnds.
Tu	ās,	ēs,	dānses,	fĭnīs,	rĕçoīs,	rēnds.
On, il, elle	ă,	ēst,	dānse,	fĭnĭt,	rĕçoĭt,	rēnd.
Nous	ăvōns,	sŏmmēs,	dānsōns,	fĭnĭssōns,	rĕcĕvōns,	rēndōns.
Vous	ăvēz,	(3) êtes,	dānsēz,	fĭnĭssēz,	rĕcĕvēz,	rēndēz.
Ils, elles	ōnt,	sōnt,	dānsent,	fĭnĭssent,	rĕçoĭvent,	rēndent.

UE* ET PROSODIQUE*

OIR, ÊTRE; des verbes des quatre conjugaisons, et de
le leurs divers temps.

FUTUR.

Marque qu'une chose sera ou se fera.

Demain	j'aūraĭ, (7)	je sĕraĭ,	je dānsĕraĭ,	je fĭnĭraĭ,	je rĕcĕvraĭ,	je rēndraĭ.
Tu	aūrās,	sĕrās,	dānsĕrās,	fĭnĭrās,	rĕcĕvrās,	rēndrās.
On, il, elle	āură,	sĕră,	dānsĕră,	fĭnĭră,	rĕcĕvră,	rēndră.
Nous	āurōns,	sĕrōns,	dānsĕrōns,	fĭnirōns,	rĕcĕvrōns,	rēndrōns.
Vous	āurēz.	sĕrēz,	dānsĕrēz,	fĭnĭrēz,	rĕcĕvrēz,	rēndrēz.
Ils, elles	aūrōnt,	sĕrōnt,	dānsĕrōnt,	fĭnĭrōnt,	rĕcĕvrōnt,	rēndrōnt.

FUTUR PASSÉ.

Indique qu'une chose sera faite avant un autre.
Il se conjugue avec le futur du verbe ăvoĭr.

Quand	j'āuraĭ eŭ,	ĕtĕ,	dānsĕ,		rĕçŭ,	rēndŭ, etc.

CONDITIONEL PRÉSENT.

Marque qu'une chose serait moyennant une condition.
Si je pōuvaĭs.

	(8) J'āuraĭs ou j'eūsse,	je sĕraīs,	je dānsĕraīs,	je fĭnĭraīs,	je rĕcĕvraīs,	je rēndraīs.
Tu	aūraīs ou tu eūsses,	sĕraīs,	dānsĕraīs,	fĭnĭraīs,	rĕcĕvraīs,	rēndraīs.
On, il, elle	aūraĭt, ou eût,	sĕraĭt,	dānsĕraĭt,	fĭnĭraĭt,	rĕcĕvraĭt,	rēndraĭt.
Nous	aūrĭōns, ou eūssĭōns,	sĕrĭōns,	dānsĕrĭōns,	fĭnĭrĭōns,	rĕcĕvrĭōns,	rēndrĭōns.
Vous	aūrĭēz ou eūssĭēz,	sĕrĭēz,	dānsĕrĭēz,	fĭnĭrĭēz,	rĕcĕvrĭēz,	rēndrĭēz.
Ils ou elles	aūraīent ou eūssent,	sĕraīent,	dānsĕraīent,	fĭnĭraīent,	rĕcĕvraīent,	rēndraīent.

	Eŭ,	ĕtĕ,	dānsĕ,	fĭnĭ,	rĕçŭ,	rēndŭ.

Indicatif présent.

Exprime une chose qui se fait actuellement.

	J'aĭ,	je suĭs,	(2) je dānse,	je fĭnĭs,	je rĕçoĭs,	je rēnds.
Tu	ās,	ĕs,	dānses,	fĭnĭs,	rĕçoĭs,	rēnds.
On, il, elle	ă,	ēst,	dānse,	fĭnĭt,	rĕçoĭt,	rēnd.
Nous	ăvōns,	sŏmmēs,	dānsōns,	fĭnĭssōns,	rĕcĕvōns,	rēndōns.
Vous	ăvēz,	(3) êtes,	dānsēz,	fĭnĭssēz,	rĕcĕvēz,	rēndēz.
Ils, elles	ōnt,	sōnt,	dānsent,	fĭnĭssent,	rĕçoivent,	rendent.

Imparfait.

Marque l'action comme présente dans le temps qu'une autre s'est faite.

	(4) J'ăvaĭs,	j'ĕtaĭs,	je dānsaĭs,	je fĭnĭssaĭs,	je rĕcĕvaĭs,	je rēndaĭs
Tu	ăvaĭs,	ĕtaĭs,	dānsaĭs,	fĭnĭssaĭs,	rĕcĕvaĭs,	rēndaĭs
On, il, elle	ăvaĭt,	ĕtaĭt,	dānsaĭt,	fĭnĭssaĭt,	rĕcĕvaĭt,	rēndaĭt.
Nous	ăvĭōns,	ĕtĭōns,	dānsĭōns,	fĭnĭssĭōns,	rĕcĕvĭōns,	rēndĭōns.
Vous	ăvĭēz,	ĕtĭēz,	dānsĭēz,	fĭnĭssĭēz,	rĕcĕvĭez,	rēndĭez.
Ils, elles	ăvaĭent,	ĕtaĭent,	dānsaĭent,	fĭnĭssaĭent,	rĕcĕvaient,	rendaient.

Passé ou Prétérit défini.

Indique une chose faite dans un temps entièrement écoulé dont on assigne l'époque. Hier, il y a un mois.

	J'eŭs,	je fŭs,	je dānsaĭ (5) (6)	je fĭnĭs,	je rĕçŭs,	je rēndĭs.
Tu	eŭs,	fŭs,	dānsās,	fĭnĭs,	rĕçŭs,	rēndĭs.
On, il, elle	eût,	fût,	dānsā,	fĭnĭt,	rĕçût,	rēndĭt.
Nous	eûmes,	fûmes,	dānsâmes,	fĭnîmes,	rĕçûmes,	rēndîmes,
Vous	eûtes,	fûtes,	dānsâtes,	fĭnîtes,	rĕçûtes,	rēndîtes.
Ils, elles	eŭrent,	fŭrent,	dānsèrent,	fĭnĭrent,	rĕçŭrent,	rēndĭrent.

Passé ou Prétérit indéfini.

Exprime une chose faite dans un temps qui dure encore, ou dans un temps qu'on ne désigne pas.
Comme, César à fait de grands exploits. Ils se conjugue avec le présent du verbe ăvoir.
Cette semaine, ce mois, cette année.

	J'aĭ eŭ,	ĕtĕ,	dānsĕ,	fĭnĭ,	rĕçŭ,	rēndŭ, etc.

Passé ou Prétérit antérieur.

Marque une chose faite avant une autre, qui se fit dans un temps dont il ne reste plus ri[illegible].
Ils se conjugue avec le passé défini du verbe ăvoir.

Quand	j'eŭs eŭ,	ĕtĕ,	dānsĕ,	fĭnĭ,	rĕçŭ,	rēndŭ, etc.

Vŏus	āurēz.	sĕrēz,	dānsĕrēz,	fĭnirez,	recevrez,	rendrez.
Ils, elles	aūrōnt,	sĕrōnt,	dānsĕrōnt,	fĭnirōnt,	rĕcĕvrōnt,	rēndrōnt.

Futur passé.

Indique qu'une chose sera faite avant un autre.
Il se conjugue avec le futur du verbe āvoīr.

Quand	j'āuraī eū,	ĕtĕ,	dānsĕ,		rĕçū,	rēndŭ, etc.

Conditionel présent.

Marque qu'une chose serait moyennant une condition.
Si je pouvaīs.

(8)	J'āuraīs ou j'eūsse,	je sĕraīs,	je dānsĕraīs,	je fīnīraīs,	je rĕcĕvraīs,	je rēndraīs.
Tu	aūraīs ou tu eūsses,	sĕraīs,	dānsĕraīs,	fīnīraīs,	rĕcĕvraīs,	rēndraīs.
On, il, elle	aūraīt, ou eût,	sĕraīt,	dānsĕraīt,	fīnīraīt,	rĕcĕvraīt,	rēndraīt.
Nous	aūrīōns, ou eūssīōns,	sĕrīōns,	dānsĕrīōns,	fīnīrīōns,	rĕcĕvrīōns,	rēndrīōns.
Vous	aūrīēz ou eūssīēz,	sĕrīēz,	dānsĕrīēz,	fīnīrīēz,	rĕcĕvrīēz,	rēndrīēz.
Ils ou elles	aūraīent ou eūssent,	sĕraīent,	dānsĕraīent,	fīnīraīent,	rĕcĕvraīent,	rēndraīent.

Conditionel passé.

Marque qu'une chose aurait été faite, si certaine condition avait eu lieu.
Il se conjugue avec le conditionel du verbe āvoīr.

Si j'āvaīs pū,	j'aūraīs ou j'eūsse eū,	ĕtĕ,	dānsĕ,	fīnī,	rĕçū,	rēndū, etc

Impératif.

Exprime l'action de commander, de prier ou d'exhorter.

	Aīe,	soīs,	dānse,	fīnīs,	rĕçoīs,	rēnds.
Qu'il, qu'elle, qu'on	aīt,	soīt,	dānse,	fīnīsse,	rĕçoīve,	rēnde.
	Ayōns,	sŏyōns,	dānsōns,	fīnīssōns,	rĕcĕvōns,	rēndōns.
	Ayēz	sŏyēz,	dānsēz,	fīnīssēz,	rĕcĕvēz,	rēndēz.
Qu'ils ou qu'elles	aīent,	soīent,	dānsent,	fīnīssent,	rĕçoīvent,	rēndent.

Subjonctif présent.

Quand on veut, quand on souhaite, ou quand on doute qu'une chose se fasse.
Il faūt, il faūdrā que, on dĕsīre, on dĕsīrĕrā que, on doūte, on doūtĕrā.

Que	j'aīe,	je soīs,	je dānse,	je fīnīsse,	recoīve,	je rēnde.
Que	tu aīes,	soīs,	dānses,	fīnīsses,	reçoīves,	rēndes.
Qu'il, qu'elle, qu'on	aīt,	soīt,	dānse,	fīnīsse,	rĕçoīve,	rēnde.
Que nous	āyōns,	sŏyōns,	dānsīōns,	fīnīssīōns,	rĕcĕvīōns,	rēndīōns.
Que vous	āyēz,	sŏyēz,	dānsīēz,	fīnīssīēz,	rĕcĕvīēz,	rēndīēz.
Qu'ils ou qu'elles	aīent,	soīent,	dānsent,	fīnīssent,	rĕçoīvent,	rēndent.

Passé ou Prétérit défini.

Indique une chose faite dans un temps entièrement écoulé dont on assigne l'époque. Hier, il y a un mois.

	J'eūs,	je fūs,	je dānsaĭ (5) (6)	je fĭnīs,	je rĕçūs,	je rĕndīs.
Tu	eūs,	fūs,	dānsās,	fĭnīs,	rĕçūs,	rĕndīs.
On, il, elle	eūt,	fūt,	dānsă,	fĭnĭt,	rĕçŭt,	rĕndĭt.
Nous	eûmes,	fûmes,	dānsâmes,	fĭnîmes,	rĕçûmes,	rĕndîmes,
Vous	eûtes,	fûtes,	dānsâtes,	fĭnîtes,	rĕçûtes,	rĕndîtes.
Ils, elles	eūrent,	fūrent,	dānsèrent,	fĭnīrent,	rĕçūrent,	rĕndīrent.

Passé ou Prétérit indéfini.

Exprime une chose faite dans un temps qui dure encore, ou dans un temps qu'on ne désigne pas.
Comme, César à fait de grands exploits. Ils se conjugue avec le présent du verbe ăvoĭr.
Cette semaine, ce mois, cette année.

	J'aĭ eŭ,	ĕtĕ,	dānsĕ,	fĭnĭ,	rĕçŭ,	rĕndŭ, etc.

Passé ou Prétérit antérieur.

Marque une chose faite avant une autre, qui se fit dans un temps dont il ne reste plus rien.
Ils se conjugue avec le passé défini du verbe ăvoĭr.

Quand	j'eūs eŭ,	ĕtĕ,	dānsĕ,	fĭnĭ,	rĕçŭ,	rĕndŭ, etc.

Plusque parfait.

Indique qu'une chose était déjà faite, quand une autre s'est faite.
Ils se conjugue avec l'imparfait du verbe ăvoĭr.

Quand vous êtes ĕntrĕ	j'ăvaĭs eŭ	ĕtĕ,	dānsĕ,	fĭnĭ,	rĕçŭ,	rĕndŭ, etc.

---

* Synoptique, qui s'offre d'un même coup d'œil.

* Prosodique, l'art de donner à chaque son le ton qui lui est propre, long ou bref, ouvert ou fermé.

(1) Dānsĕr; *er*, suivi d'une voyelle, la syllabe est longue. Chāntĕr un duo.

(2) Je dānse; les verbes terminés à la première personne du singulier du présent de l'indicatif par un *e* muet, changent, lorsqu'on interroge, l'*e* muet en *é* aigu. Je dānse, dānsé-je? je sōuffre, sōuffré-je?

(3) Vous êtes; au gré du poëte, long ou bref.

(4) J'ăvaĭs; aĭs ou oĭs, son ouvert long.

(5) Je dānsaĭ; aĭ, son fermé bref.

(6) Les verbes terminés par gĕr, prennent *e* devant ă, ŏ, afin de ne point blesser la délicatesse de l'oreille.
Je sŏngeaĭs, nous sŏngeŏns. Hier je sŏngeăi, tu sŏngeās, il sŏngeă, etc. Il faudraĭt que je sŏngeăsse, que tu sŏngeăsses, qu'il sŏngeât, etc.

Exprime l'action de commander, de prier ou d'exhorter.

	Aïe,	soïs,	dānse,	fīnīs,	rĕçoïs,	rēnds.
Qu'il, qu'elle, qu'on	aït,	soït,	dānse,	fīnïsse,	rĕçoive,	rēnde.
	Ayōns,	sŏyōns,	dānsōns,	fīnïssōns,	rĕcĕvōns,	rēndōns.
	Ayĕz	sŏyĕz,	dānsĕz,	fīnïssĕz,	rĕcĕvĕz,	rēndĕz.
Qu'ils ou qu'elles	aïent,	soïent,	dānsent,	fīnïssent,	rĕçoïvent,	rēndent.

Subjonctif présent.

Quand on veut, quand on souhaite, ou quand on doute qu'une chose se fasse.
Il faût, il faūdră que, on dĕsire, on dĕsirĕră que, on doūte, on doūtĕră.

Que	j'aïe,	je soïs,	je dānse,	je fīnïsse,	recoïve,	je rēnde.
Que	tu aïes,	soïs,	dānses,	fīnïsses,	reçoïves,	rēndes.
Qu'il, qu'elle, qu'on	aït,	soït,	dānse,	fīnïsse,	rĕçoïve,	rēnde.
Que nous	ăyōns,	sŏyōns,	dānsïōns,	fīnïssïōns,	rĕcĕvïōns,	rēndïōns.
Que vous	ăyĕz,	sŏyĕz,	dānsïĕz,	fīnïssïĕz,	rĕcĕvïĕz,	rēndïĕz.
Qu'ils ou qu'elles	aïent,	soïent,	dānsent,	fīnïssent,	rĕçoïvent,	rēndent.

Imparfait.

S. c'ĕtaït moi qui eūsse, fūsse, dānsāsse, fīnïsse, rĕçūsse, rēndïsse.
Cu il fāllăit, il fāllūt hier, il ă fāllū ce matin, il fāudraït

Que	j'eūsse,	fūsse,	dānsāsse,	fīnïsse,	rĕçūsse	rēndïsse.
Que tu	eūsses,	fūsses,	dānsāsses,	fīnïsses,	rĕcūsses,	rēndïsses.
Qu'il, qu'elle, qu'on	eût,	fût,	dānsât,	fīnït,	rĕçût,	rēndït.
Que nous	eūssïōns,	fūssïōns,	dānsāssïōns	fīnïssïons,	rĕçūssïōns,	rēndïssïōns.
Que vous	eūssïĕz,	fūssïĕz,	dansāssïĕz,	fīnïssïĕz,	rĕcūssïĕz,	rēndïssïĕz.
Qu'ils, qu'elles	eūssent,	fūssent,	dānsāssent,	fīnïssent,	rĕçūssent,	rēndïssent.

Passé ou Prétérit.

Il se conjugue avec le présent du subjonctif du verbe ăvoïr ou du verbe être.

Il aura fallu que	j'aïe eū,	ĕtĕ,	dānsĕ,	fīnï,	rĕçŭ,	rēndŭ, etc.

Ou que je me soïs flăttĕ, etc.

Plusque parfait.

Il se conjugue avec l'imparfait du subjonctif du verbe ăvoïr ou du verbe être.
Si ç'ăvaït ĕtĕ moi, *ou* si c'eût ĕtĕ moi qui eūsse dŏnnĕ *ou* qui me fūsse dŏnnĕ.
Il ăvaït, il aūraït *ou* il eût fāllū.

Que	j'eūsse eū,	ĕtĕ,	dānsĕ,	fīnï,	rĕçŭ,	rēndŭ, etc.

Ou que je me fūsse flăttĕ, etc.

(7) J'aūraï; raï, son fermé bref.

TA*

Vous eutes,
Ils, elles eûrent, fûs

Exprime une chose faite dans un temps qu
Comme, César à faït de grands exploits. I
Cette semaine, ce mois, cette année.

J'aï eû, ét Si c'
Ou

Marque une chose faite avant une autre, q
Ils se conjugue avec le passé défini du verl

Quand j'eûs eû, ét

Indique qu'une chose était déjà faite, quan
Ils se conjugue avec l'imparfait du verbe ăv

Quand vous êtes ĕntrĕ j'ăvaĭs eû ét

* Synoptique, qui s'offre d'un même coup
* Prosodique, l'art de donner à chaque so
(1) Dănsĕr; *er*, suivi d'une voyelle, la syll
(2) Je dănse; les verbes terminés à la prem
interroge, l'*e* muet en *é* aigu. Je dănse, dăns
(3) Vous êtes; au gré du poëte, long ou b
(4) J'ăvaĭs; aĭs ou oĭs, son ouvert long.
(5) Je dănsaï; aï, son fermé bref.
(6) Les verbes terminés par gĕr, prennent

CONJUGAISON DES VERBES

Réfléchis et Réciproques.

Infinitif.

Se plaîndre.

Participe présent.

Se plaïgnānt.

Participe passé.

S'ētānt plaĭnt.

Indicatif présent.

Je me plaīns, tu te plaīns, on, il, elle se plaĭnt, nous nous plaïgnōns, vous vous plaïgnēz, ils, elles se plaï-gnēnt.

Imparfait.

Je me plaïgnaīs, tu te plaïgnaīs, on, il, elle se plai-gnait, etc.

Passé *ou* Prétérit défini.

Hier je me plaïgnīs, tu te plaïgnīs, on, il, elle se plaïgnīt, etc.

Passé *ou* Prétérit indéfini.

Ce matin je me suīs plaĭnt, etc.

Passé *ou* Prétérit antérieur.

Quand je me fūs plaĭnt, etc.

Plusque parfait.

Je m'ētaīs plaĭnt, etc.

FUTUR.

Demain je me plaīndraï, tu te plaīndrās, on, il, elle se plaīndră, etc.

FUTUR PASSÉ.

Quand je me sĕraï plaïnt.

CONDITIONEL PRÉSENT.

Si je poūvaīs je me plaïndraīs, tu te plaīndraīs, on, il, elle se plaïndraĭt, etc.

CONDITIONEL PASSÉ.

Quand je me sĕraīs *ou* me fūsse plaïnt, etc.

IMPÉRATIF.

Plaīns-toi, qu'il se plaīgne, plaīgnōns-nous, plaïgnēz-vous, qu'ils se plaīgnĕnt.

SUBJONCTIF PRÉSENT.

Il faŭt, il faūdră que je me plaīgne, etc.

IMPARFAIT.

Il făllaĭt, il făllŭt hier, il ă făllŭ ce matin, il faūdraĭt que, *ou* si c'ĕtaĭt moi qui me plaïgnīsse, toi qui te plaĭgnīsses, lui *ou* elle qui se plaĭgnît, nous qui nous plaĭgnīssiōns, vous qui vous plaĭgnīssiēz, eux *ou* elles qui se plaĭgnīssent.

PASSÉ *ou* PRÉTÉRIT.

Il aūră făllŭ que je me soīs plaïnt, etc.

PLUSQUE PARFAIT.

Il ăvaĭt, il aūraĭt *ou* il eût făllŭ que, si ç'ăvaĭt ĕtĕ *ou* si c'eût ĕtĕ moi qui me fūsse plaïnt, etc.

Conjugaison des Verbes impersonnels.

Indic. prés. Il faŭt. *Imparf.* Il făllaĭt. *Passé déf.* Hier il făllut. *Passé indéf.* Ce matin il ă făllŭ. *Passé ant.* Il eût făllŭ. *Plusq. parf.* Il ăvaĭt făllŭ. *Fut.* Il faūdră. *Fut. pas.* Il aūră făllŭ. *Condit. prés.* Il faūdraĭt. *Condit. pas.* Il aūraĭt *ou* il eût făllŭ que. *Subj. prés.* Qu'il faĭlle. *Imparf.* Qu'il făllût. *Passé.* Qu'il aĭt făllŭ. *Plusq. parf.* Qu'il eût făllŭ. *Part. passé.* Ayānt făllŭ.

Les autres temps, et l'impératif ne sont pas en usage.

VERBES IRRÉGULIERS.

On appelle Verbes Irréguliers, ceux qui ne suivent pas dans leurs conjugaisons la règle ordinaire des autres verbes.

Les temps où les verbes peuvent être irréguliers, sont le présent de l'indicatif, le prétérit défini, le futur, l'impératif, le participe présent, et le participe passé.

Quand un verbe n'est pas usité à l'impératif, il ne l'est pas au subjonctif présent; quand il n'a point de prétérit défini, il n'a point d'imparfait subjonctif, et quand il n'a point de futur, il n'a point de conditionel présent.

TABLEAU SYNOPTIQUE ET PROSODIQUE DES VERBES IRRÉGULIERS.

Première Conjugaison.

Infin.	*Part.*	*Prés.*	*Pas.*	*Prét. déf.*	*Fut.*	*Impér.*
Allĕr	ăllānt	ăllĕ	je vaīs tu vās il vă nous ăllōns vous ăllēz ils vōnt	j'ăllaĭ	j'iraĭ	vă qu'il aïlle ăllōns ăllēz qu'ils aillēnt
Envŏyĕr et ses dérivés	ēnvŏyānt	ēnvŏyĕ	j'ēnvoīe	j'ēnvŏyaĭ	j'ēnvērraĭ	ĕnvoīe qu'il ēnvoīe ēnvŏyōns ēnvŏyēz qu'ils ēnvoīent

Seconde Conjugaison.

Infin.	*Part.*	*Prés.*	*Pas.*	*Prét. déf.*	*Fut.*	*Impér.*
Acquĕrīr et ses dérivés	ăcquĕrānt	ăcquīs	j'ăcquīers tu ăcquīers il ăcquīert nous ăcquĕrōns vous ăcquĕrēz ils ăcquīèrēnt	j'ăcquīs	j'ăcquērraĭ	ăcquīers qu'il ăcquīère ăcquĕrōns ăcquĕrēz qu'ils ăcquīè-rēnt
Assaĭllĭr et tressaillir	ăssaĭllānt	ăssaĭllĭ		j'ăssaĭllīs	j'ăssaĭllĭraĭ	ăssaĭlle
Saĭllĭr s'avancer en dehors	saĭllānt	saĭllĭ		il saĭlle	il saĭllĕră	qu'il saĭlle
Saillĭr sortir avec impétuosité	saĭlissānt	saĭllĭ		il saĭllĭt	il saĭllĭră	qu'il saĭllīsse
Bĕnīr	bĕnissānt	bĕnīt	je bĕnīs	je bĕnīs	je bĕniraĭ	bĕnīs qu'il bĕnīsse
Bouĭllĭr	bouĭllānt	bouĭllĭ	je boūs tu boūs il boūt nous bouĭllōns vous bouĭllēz ils bouĭllēnt	je bouĭllīs	je bouĭllĭraĭ	boūs qu'il bouĭlle
Coŭrĭr ou coūre et ses composés	coŭrānt	coŭrŭ	je coūrs	je coŭrūs	je coūrraĭ	coūrs qu'il coūre
Cueillir	cueillaut	cueĭllĭ	je cueĭlle	je ceuĭllīs	je cueĭllĕraĭ	cueĭlle qu'il cueĭlle

Infin.	Part. Prés.	Pas.	Prés.	Prét. Déf.	Fut.	Imp
Faillir	faillānt	failli		je faillīs		
Fuir	fúyānt	fuï	je fuïs	je fuïs	je fuïraï	fuïs
			tu fuïs			qu'il fuïe
			il fuït			fuyōns
			nous fūyōns			fūyēz
			vous fuyez			qu'ils fuïe
			ils fuïēnt			

Flèurïr en parlant des fleurs, *imparf.* je fleūrïssaïs, *part. prés.* fleūrïssā[nt] parlant des sciences, des arts, des royaumes, *imparf.* je flòrïssaïs, *part.* flòrïssānt.

Gïr, gĕsïr : usité seulement dans il gît, nous gïsōns, vous gïsēz, il[s gï]sēnt, *imparf.* je gïsaïs, *part. prés.* gïsānt.

Infin.	Part. Prés.	Pas.	Prés.	Prét. Déf.	Fut.	Imp
Hăïr, prononcez hă ïr, je hès nous hă ïssōns	hăïssānt	hăï	je haïs		je hăïraï	haïs
			tu haïs			qu'il hă[ïsse]
			il haït			
			nous hăïssōns			hăïssōns
			vous hăïssēz			hăïssēz
			ils hăïssēnt			qu'ils hă[ïssent]
Mŏurïr, mŏurānt		mŏ[rt]	je meūrs	je mŏurūs	je mŏurraï	meūrs
			tu meūrs			qu'il me[ure]
			il meūrt			mŏurōns
			nous mŏurōns			mŏurēz
			vous mŏurēz			qu'ils m[eurent]
			ils meūrēnt			
Tĕnïr et ses dérivés	tĕnānt	tĕnū	je tïēns	je tīns	je tïēndraï	tïēns
			tu tïēns	tu tīns		qu'il tïē[nne]
			il tïēnt	il tīnt		tĕnōns
			nous tĕnōns	nous tīnmes		tĕnēz
			vous tĕnēz	vous tīntes		
			ils tïēnnēnt	ils tīnrēnt		qu'ils tïē[nnent]
Vêtïr	vêtānt,	vêtū	je vêts	je vêtïs	je vêtïraï	vêts
			tu vêts			qu'il vê[te]
			il vêt			peu usi[tés]
			peu usités			

Troisième Conjugaison.

Infin.	Part. Prés.	Pas.	Prés.	Prét. Déf.	Fut.	Imp
S'ăsseoïr	s'ăssĕyānt	ăssīs	je m'ăssïeds	je m'ăssīs	je m'ăsseïeraï	ăssïeds-[toi]
			tu t'ăssïeds			qu'il s'ă[ssïeye]
			il s'ăssïèd			ăssĕyōn[s-nous]
			nous nous ăssĕyōns			ăssĕyēz-[vous]
			vous vous ăssèyēz			qu'ils s'ă[ssĕyent]
			ils s'ăssĕyēnt			

Chŏïr *participe passé* chū (populaire) inusité dans ses autres temps.

Infin.	Part. Prés.	Pas.	Prés.	Prét. Déf.	Fut.	Imp
Dĕchoïr		dĕchū	je dĕchoïs	je dĕchūs	je dĕchĕrraï	que je [dĕchoie]
			[illegible]	[illegible]		[illegible]

Infin.	*Part. Prés.*	*Pas.*	*Prés.*	*Prét. Déf.*	*Fut.*	*Impér.*
Mouvoir	mouvānt	mü	je meūs tu meüs il meût nous möuvōns vous mŏuvēz ils mēuvēnt	je mūs	je mòuvrài	meūs qu'il meüve mŏuvōns mŏuvēz qu'ils mēuvēnt
Pouvoir	poüvānt	pü	je puïs ou je peūx tu peüx il peût nous pŏuvōns vous pŏuvēz ils peüvēnt	je pūs	je pŏurrai	peūx qu'il puïsse pŏuvōns pŏuvēz qu'ils puïssēnt
Săvoir	sàchānt	sü	je saīs tu saīs il saĭt nous săvōns vous săvēz ils săvēnt	je sūs	je sāuraĭ	săche qu'il săche săchōns săchēz qu'ils săchēnt
Seoir être convenable,	sĕānt		il sied	ils siēent	il siéra	qu'il siēe
Surseoir	surseŏyānt	sursīs	je sursoīs tu sŭrsoīs il sursoĭt nous sursŏyōns vous sursòyēz ils sursoīent	je sursīs	je surseōiraĭ	sursoīs qu'il sŭrsoīe sursŏyōns sursŏyēz qu'ils sŭrsoīent
Valoir	vàlānt	välü	je vaūx tu vāux il vàut nous vălōns vous vălēz ils vălēnt	je vălūs	je vāudraĭ	vaūx qu'il vaïlle vàlōns vàlēz qu'ils vaïllēnt
Voir	vòyānt	vü	je voīs	je vīs	je vèrraĭ	voīs qu'il voīe
						Subjonctif.
Vouloir	vòulānt	vòulu	je vēux tu vēux il vēut nous vòulōns vous vòulēz ils vēulēnt	je vòulūs	je vŏudraĭ	que je veuïlle que tu veuïlles qu'il veuïlle que nous vŏuliōns que vous vŏuliēz qu'ils veuïllęnt.

Infin.	*Part. Prés.*	*Pas.*	*Prés.*	*Prét. Déf.*	*Fut.*	*Impér.*

QUATRIÈME CONJUGAISON.

Infin.	*Part. Prés.*	*Pas.*	*Prés.*	*Prét. Déf.*	*Fut.*	*Impér.*
Absoūdre	ăbsŏlvānt	ăbsoūs	j'absoūs		j'absoūdraï	ăbsoūs
		ăbsoute	tu ăbsoūs			
ainsi se conjuguent dissoū-			il absoūt			qu'il ăbsŏlve
dre rĕsoūdre. Prét. je rĕsŏlūs			nous ăbsŏlvōns			ăbsŏlvōns
rĕsōus chose convertie en			vous ăbsŏlvēz			ăbsŏlvēz
une autre; sans femin.			ils ăbsŏlvēnt			qu'ils ăbsŏlvēnt
Bāttre	băttānt	băttū	je bāts	je băttīs	je băttraï	bāts
et leurs dérivés			tu bāts			qu'il bătte
			il bāt			băttōns
			nous băttōns			băttēz
			vous băttēz			qu'ils băttēnt
			ils băttēnt			
Boīre	bŭvānt	bū	je boīs	je būs	je boīraï	boīs
			tu boīs			qu'il boīve
			il boit			bŭvōns
			nous bŭvōns			bŭvēz
			vous bŭvēz			qu'ils boīvēnt
			ils boīvēnt			
Braīre			il braït ils braīent		il braïrā	
Bruire rendre un son confus, il brŭyaït, ils brŭyaïent						
Circōncire	cĭrcōncisānt	cĭrcōncīs	je cĭrcōncīs		je cĭrcōncīraï	que je cĭrcōncīse
Clōre ou clōrre		clōs	je clōs			
			tu clōs			
			il clōt sans autres personnes		je clōrraï	
Cŏudre	cŏusānt	cŏusū	je cōuds	je cŏusīs	je cŏudraï	cōuds
			tu cōuds			qu'il cōuse
			il cŏud			cŏusōns
			nous cŏusōns			cŏusēz
			vous cŏusēz			qu'ils coūsēnt
			ils cōusēnt			
Craīndre	craĭgnānt	craint	je craīns	je craĭgnīs	je craīndraï	craīns
ainsi se conjugent les verbes			tu craīns			qu'il craīgne
terminés par eindre et par			il craint			craĭgnōns
oīndre			nous craĭgnōns			craĭgnēz
			vous craĭgnēz			qu'ilscraĭgnēnt
			ils craĭgnēnt			
Croīre	crŏyānt	crū	je croīs	je crūs	je croiraï	croīs
			tu croīs			qu'il croīe
			il croït			crŏyōns
			nous crŏyōns			crŏyéz
			vous crŏyéz			qu'ils croīent
			ils croïent			

Infin.	Part. Prés.	Pas.	Prés.	Prét. Déf.	Fut.	Impér.
Dire	disánt	dit	je dīs	je dīs	je diraï	dīs
et rèdire.			tu dīs			qu'il dīse
Contrèdire, dèdire īntèrdīre			il dit			disōns
mèdire, prèdire font vous			nous disōns			ditēs
contrèdisez, dèdisēz, intèrdi-			vous ditēs			qu'ils dīsēnt
sez, mèdisēz, prèdisez			ils dīsēnt			
Ecrire	ècrivánt	ècrit	j'ècrīs	j'ècrīvīs	j'ècrīraï	ècrīs
			tu ècrīs			qu'il ècrīve
			il ècrit			ècrīvōns
			nous ècrīvōns			ècrīvēz
			vous ècrīvez			qu'ils ècrīvēnt
			ils ècrīvēnt			
Faire	faïsānt	fait	je faïs	je fīs	je fēraï	faïs
et ses dérivés			tu faïs			qu'il fāsse
			il fait			faïsōns
			nous faïsōns			faïtes
			vous faites			qu'ils fāssēnt
			ils fōnt			
Frire		frit	je frīs		je frīraï	frīs
Les autres temps se con-			tu frīs		je frirais	usité seulement
juguent avec le verbe faire			il frīt			au singulier
			nous faïsōns frire			
			vous faites frire			
			ils font frire			
Lire	līsānt	lü	je līs	je lūs	je līraï	līs
						qu'il līse
Mèttre	mèttānt	mīs	je mēts	je mīs	je mèttraï	mēts
et se dérivés						qu'il mētte
Moudre	mōulānt	mōulū	je moūds	je mŏulūs	je mŏudraï	moūds
			tu mōuds			qu'il mōule
			il mōud			mŏulōns
			nous mŏulōns			mŏulēz
			vous mŏulēz			qu'ils moūlēnt
			ils mōulēnt			
Naître	naïssānt	né	je naïs	je nāquīs	je naîtraï	naïs
						qu'il naïsse
Nuire	nuïsānt	nuï	je nuïs	je nuïsīs	je nuïraï	nuïs
						qu'il nuïse
prēndre	prĕnānt	prīs	je prēnds	je prīs	je prēndraï	prēnds
et ses dérivés			tu prēnds			qu'il prĕnne
			il prēnd			prĕnōns
			nous prĕnōns			prĕnēz
			vous prènez			qu'ils prĕnnēnt
			ils prĕnnēnt			

Infin.	Part. Prés.	Pas.	Prés.	Prét. Déf.	Fut.	Impér.
Rire	rĭant	rĭ	je rīs	je rīs	je rĭraĭ	rīs qu'il rīe
Rōmpre et ses dérivés	rōmpānt	rōmpŭ	je rōmps tu rōmps il rōmpt	je rōmpīs	je rōmpraĭ	rōmps qu'il rōmpe
Sŏndre l'eau soūrd les eaux soūrdēnt de tous-côtés						
Sŭffire	sŭffisānt	sŭffĭ	je sŭffīs	je sŭffīs	je sŭffĭraĭ	sŭffīs qu'il sŭffīse
Suĭvre et ses dérivés	suĭvānt	suĭvĭ	je suīs	je suĭvīs	je suĭvraĭ	suīs qu'il suīve
Traīre et ses dérivés.	trăyānt	traĭt	je traīs tu traīs il traĭt nous trăyōns vous trăyēz ils traīent		je traĭraĭ	traīs qu'il traie
Vaīncre,	vaīnquānt	vaincŭ	je vaīncs tu vaīncs il vaīnc * nous vaīnquōns vous vaīnquez ils vaīnquēnt	je vaīnquīs	je vaīncraĭ	*Subjonctif* qu'il vaīnque
Vĭvre	vĭvānt	vĕcŭ	je vīs tu vis il vĭt nous vĭvōns vous vĭvēz ils vivēnt	je vècūs	je vĭvraĭ	vīs qu'il vive

* Le singulier est peu en usage.

QUESTIONS IMPORTANTES
SUR LES VERBES.

1°. ***Dans quel temps les verbes de la première conjugaison conservent-ils l'e muet?***

Les verbes de la première conjugaison conservent l'*e* muet au présent de l'indicatif, au futur, au conditionel, à l'impératif, au présent du subjonctif.

Suppléer, je ou il faut que je supplée, que tu supplées, qu'il supplée.

Impératif. Supplée, qu'il supplée, qu'ils suppléent.

Futur. Je suppléerai, etc. *Condit.* Je suppléerais, etc.

2°. ***Quand les verbes terminés à l'impératif par* a *ou par* e *muet suivi de* y *ou de* en, *prennent-ils* s, *ou ne le prennent-ils pas?***

Les verbes terminés à l'impératif par *a* ou par *e* muet suivi immédiatement des mots *y* ou *en*, prennent *s*; mais lorsqu'après *y*, il suit un verbe, ou après *en*, il suit un substantif, ils ne prennent point *s*.

Manges-en, donnes-en, changes-y, vas-y.

Va y voir, donne en cette occasion.

3°. *Quand les verbes de la première conjugaison doivent-ils avoir pour désinence* e *aigu*, *ou* er ?

Les verbes de la première conjugaison ont pour désinence *e* aigu, quand ils sont précédés d'un des temps des auxiliaires *avoir* ou *être;* mais lorsqu'ils sont précédés d'un verbe, ou d'une des prépositions *à*, *de*, *par*, *pour*, *après*, *sans*, ils ont pour désinence *er*.

Je serai charmé, nous avons pensé.

Je vais aller chercher votre fils à sa pension.

Je suis prêt à terminer. Je viens de rencontrer. Il commence par demander. Je viens pour vous consoler. Je partirai après dîner. Sans cesser.

4°. *Quelle est la manière de savoir quand un verbe devant une voyelle doit doubler ou ne point doubler la consonne ?*

1°. Les verbes terminés par *ater*, *iler*, *culer*, *oter*, *uter*, ne doublent point les consonnes *l*, *t*, devant une voyelle; mais les verbes terminés par *nuler*, *eler*, *eter*, doublent les consonnes *l*, *t*, suivis d'un *e* muet.

Relater, je relate, nous relatons, hier je relatai.

Piler, je pile nous pilons, hier je pilai.

Reculer, je recule, nous reculons, hier je reculai.

Chuchoter, je chuchote, nous chuchotons, hier je chuchotai.

Annuler, j'annulle, tu annulles, j'annullerai, nous annulons, vous annulez, ils annullent.

Appeler, j'appelle, tu appelles, j'appellerai, nous appelons, vous appelez, ils appellent.

Rejeter, je rejette, tu rejettes, je rejetterai, nous rejetons, vous rejetez, ils rejettent.

2o. Lorsqu'une consonne suivie de *er*, est précédé d'un *e* aigu ou d'un *e* guttural, on change l'*e* aigu en *e* grave, lorsque la syllabe finale est muette, ou lorsqu'elle renferme un *e* guttural.

Recéler, je recèle, tu recèles, je recèlerai, il recèlerait.

Inférer, j'infère, tu infères, j'infèrerai, il infèrerait.

Égrener, j'égrène, tu égrènes, j'égrènerai, il égrènerait.

3o. Lorsqu'une consonne suivie de *er*, est précédée d'un *e* grave, ou d'un *e* circonflexe, l'*e* grave ou l'*e* circonflexe est invariable dans toute la conjugaison.

Écrèmer, j'écrème, tu écrèmes, j'écrèmerai.

Prêter, je prête, tu prêtes, je prêterai.

4°. Les verbes terminés par x, ne prennent point de lettre accentuée.

Vexer, je vexe tu vexes, je vexerai.

5°. *Dans quel temps les verbes terminés par* yer *devant un* e *muet, conservent-ils* y *ou changent-ils* y *en* i *simple?*

Les verbes terminés par *ayer* devant un *e* muet conservent *y* au présent de l'indicatif, à l'impératif, au présent du subjonctif: mais les verbes terminés par *oyer*, *uyer*, changent *y* en *i* simple dans les temps dont je viens de parler.

Essayer, je ou il faut que j'essaye, que tu essayes, qu'il essaye, qu'ils essayent. Impératif essaye, qu'il essaye, qu'ils essayent.

Broyer, je ou il faut que je broie, que tu broies, qu'il broie, qu'ils broient. Impératif broie, qu'il broie, qu'ils broient.

Essuyer, je ou il faut que j'essuie, que tu essuies, qu'il essuie, qu'ils essuient. Impératif essuie, qu'il essuie, qu'ils essuient.

6°. *Dans quel temps les verbes terminés par* yer *changent-ils* yer *en* ier?

Les verbes terminés par *yer*, changent *yer* en *ierai* au futur, en *ierais* au conditionel présent.

Payer, je paierai, je paierais; nettoyer je nettoierai, je nettoierais; s'appuyer, je m'appuierai, je m'appuierais.

7°. *Dans quel temps les verbes terminés par* ure *et par* uer, *prennent-ils* ï *tréma après* u?

Les verbes terminés par *ure* et par *uer* prennent *ï* tréma après *u* à la première et à la seconde personne du pluriel de l'imparfait de l'indicatif, et du présent du subjonctif.

Conclure, imparfait nous concluïons, vous concluïez; subjonctif présent il faut que nous concluïons, que vous coucluïez.

Contribuer, imparfait nous contribuïons, vous contribuïez. Subjonctif présent il faut que nous contribuïons, que vous contribuïez.

8°. *Dans quel temps les verbes terminés au participe présent par* iant, *prennent-ils deux* i, *et ceux terminés par* yant *ajoutent-ils* i *après* y?

Les verbes terminés au participe présent par

par *iant* prennent deux *i*, et ceux terminés par *yant*, ajoutent *i* après *y*, aux premières et aux secondes personnes du pluriel de l'imparfait de l'indicatif et du présent du subjonctif, pour les distinguer des mêmes personnes du présent de l'indicatif.

Oubliant, imparfait nous oubliions, vous oubliiez, subjonctif présent il faut que nous oubliions, que vous oubliiez.

S'asseyant, imparfait nous nous asseyions, vous vous asseyiez, subjonctif présent il faut que nous nous asseyions, que vous vous asseyiez.

9°. *Dans quel temps les verbes terminés par* entir, vir, mir, *changent-ils les désinences* entir, vir, mir, *en* s *ou en* t?

Les verbes terminés par *entir*, *vir*, *mir*, changent les désinences *entir*, *vir*, *mir*, en *s* aux deux premières personnes du singulier du présent de l'indicatif, à la seconde personne du singulier de l'impératif; et en *t* à la troisième personne du singulier du présent de l'indicatif.

Sentir, je sens, tu sens, il sent. Impératif sens.

Servir, je sers, tu sers, il sert. Impératif sers.

Dormir, je dors, tu dors, il dort. Impératif dors.

* Repartir (distribuer) ressortir (être du ressort) font au participe présent repartissant, ressortissant.

10. *Dans quel temps les verbes terminés par* aindre, eindre, oindre, soudre, *remplacent-ils par* s *ou par* t, *la désinence* dre?

Les verbes terminés par *aindre*, *eindre*, *oindre*, *soudre*, perdent *d* au trois personnes du singulier du présent de l'indicatif, et à la seconde personne du singulier de l'impératif.

Craindre, je crains, tu crains, il craint. Impératif crains.

Peindre, je peins, tu peins il peint. Impératif peins.

Joindre, je joins, tu joins, il joint. Impératif joins.

Résoudre, je résous, tu résous, il résout. Impératif résous.

11°. *Quel est l'emploi des verbes* aller, être?

Servez-vous du verbe *aller*, quand vous indiquez une action consommée, et du verbe *être*, quand vous indiquez une action existante.

J'allai il y a huit jours aux français, où je *fus* surpris de voir Monsieur *** qui ne le *fut* pas moins que moi de m'y rencontrer.

J'écris *j'allai* il y a huit jours, et non pas je *fus* il y a huit jours ; parce que l'action est consommée.

J'écris je *fus* surpris; il ne le *fut* pas moins que moi, parce que je *fus*, le *fut* marquent l'état actuel de la chose et en indiquent la permanence.

12°. *Quel est l'emploi des verbes* avoir, être ?

Servez-vous des temps du verbe *avoir* ; quand l'action est consommée, et de ceux du verbe *être*, quand l'action est dans la permanence.

Où avez-vous été ce matin ? j'ai été me promener au Luxembourg, et non pas où êtes-vous allé ce matin ? je suis allé me promener ; parce que l'action est consommée et ne dure plus.

Si on me demande, dites que je *suis* sorti et non pas que *j'ai sorti*, puisque *je suis* chez moi.

13°. *Quels sont les verbes qui prennent l'auxiliaire* être?

Ce sont:

Aller, arriver, décéder, déchoir, entrer, mourir, naître, partir, rester, tomber, venir, et ses dérivés *devenir, intervenir parvenir, revenir, survenir*, etc.

Convenir signifiant *être agréable*, veut le verbe *avoir*; mais signifiant *demeurer d'accord*, prend *être*.

Cette maison *m'a convenu* et je *suis convenu* du prix. Académie.

Demeurer dans le sens de *rester*, veut *être*.

ma langue embarassée
Dans ma bouche vingt fois *a demeuré* glacée.
Racine.

Il faut *est demeurée*.

14°. *Quels sont les verbes qui prennent indistinctement* avoir *ou* être?

Ce sont :

Accourir, périr, disparoître, croître, accroître, décroître, recroître, cesser sans régime, *monter*, *descendre* sans régime, *échapper* sans régime.

15°. *Quelle est la manière de placer les régimes?*

Lorsque dans une phrase les régimes sont de la même longueur, on place le régime direct avant le régime indirect.

J'enverrai demain *une montre* à ma cousine.

J'enverrai demain *à ma cousine* une montre enrichie de diamants.

16°. *Quand un verbe a un régime différent, comment doit-on construire la phrase ?*

Quand un verbe a un régime différent, il faut faire deux membres de phrases séparés.

Tout aimable et *quelque* jolie que *serait* cette jeune personne, je ne l'admettrais point dans ma société, si elle n'était pas vertueuse.

Cette phrase n'est pas française, parce que *tout* régissant les temps de l'indicatif, et *quelque* ceux du subjontif, il faut faire deux membres de phrases séparés et écrire : *tout* aimable que *serait* cette jeune personne et *quelque* jolie qu'elle *fût*, je ne l'admettrais point dans ma société, si elle n'était pas modeste.

Accord du verbe en nombre et en personne avec son sujet ou avec le pronom personnel qui le précède ou qui le suit.

Le verbe s'accorde toujours en nombre et en personne avec son sujet (qu'est-ce qui) ou avec le pronom personnel qui le précède ou qui le suit. Quand le verbe se rapporte à plusieurs sujets de différentes personnes, il se met au pluriel, et s'accorde (selon l'expression des grammairiens) avec la plus noble personne.

Quand le verbe est précédé ou suivi de plusieurs pronoms personnels, le pronom de la seconde personne *toi* ou *vous* se place toujours avant celui de la troisième personne *lui* ou *elle*, *eux* ou *elles*, et celui de la première personne *moi* ou *nous*, se place le dernier.

PRÉSENT.

C'est moi qui prie, c'est toi qui pries, c'est lui ou elle qui prie, c'est nous qui prions, c'est vous qui priez, ce sont eux ou elles qui prient.

Est-ce vous et lui qui priez? est-ce elle et moi qui prions? sont-ce eux et elles qui prient.

IMPARFAIT.

C'était moi qui priais, c'était toi qui priais, etc.

Était-ce toi et elle qui priiez? était-ce lui et moi qui priions? étaient-ce eux et elles qui priaient?

PRÉTÉRIT DÉFINI.

Hier ce fut moi qui priai, ce fut toi qui prias etc.

Hier fut-ce vous et lui qui priâtes? fut-ce elle et moi qui priâmes? fut-ce eux et elles qui prièrent?

FUTUR.

Ce sera demain moi qui prierai, toi qui prieras, etc.

Sera-ce demain toi et elle qui prierez? sera-ce lui et moi qui prierons? seront-ce eux et elles qui prieront?

CONDITIONNEL PRÉSENT.

Ce serait moi qui prierais? ce serait toi qui prierais, etc.

Serait-ce vous et elle qui prieriez? serait-ce lui et moi qui prierions? seraient-ce eux et elles qui prieraient?

Quand les sujets ou les pronoms personels

de même personne, et liés par *ou*, sont au singulier, on met le verbe au singulier; mais quand ils sont au pluriel, on met le verbe au pluriel, et on le fait accorder avec la plus noble personne. Ou votre sœur ou moi fera. Ou vous ou moi nous irons. Ou lui ou elle irait. Ou vous ou eux vous prendriez. Académie.

Ou toi ou lui viendra. Ou elles ou moi nous ferons.

Concordance des temps des Verbes.

Les verbes qui expriment la certitude, la persuasion, régissent les temps de l'indicatif.

Je crois, je soutiens, je suis persuadé que vous faites, que vous feriez, que vous auriez fait une excellente affaire.

Les verbes qui expriment le doute, la crainte, le désir, l'incertitude, l'action d'ordonner, en un mot quelque affection ou quelque passion, régissent les temps du subjonctif.

1o. Après le présent de l'indicatif et le futur, on met le présent du subjonctif :

Je veux, je désire, je doute, il faudra que je dise.

2o. Après l'imparfait de l'indicatif, les prétérits défini et indéfini, le conditionel présent, ou si c'était moi qui, on met l'imparfait du subjontif.

Je voulais, je voulus hier, j'ai voulu ce matin, je voudrais que vous dissiez, ou si c'était moi qui disse, toi qui disses, lui ou elle qui dit, etc.

3o. Après le futur passé on met le prétérit du subjonctif.

Il aura fallu que j'aie ou que je me sois flatté.

4o. Après le plusque-parfait de l'indicatif, le conditionel passé, si ç'avait été ou si c'eût été moi qui, on met le plusque-parfait du subjonctif.

Il avait, il aurait ou il eût fallu que j'eusse ou que je me fusse fié; si ç'avait été ou si c'eût été moi qui me fusse fié.

Les verbes où le désir, où la supposition sont sous-entendus, se mettent au temps du subjonctif.

Dussé-je perdre mon procès, je plaiderais!

Puissiez-vous un jour être heureux!

Verbes qui n'ont pas de prétérit défini, et par conséquent d'imparfait subjonctif, avec l'indication des verbes auxiliaires dont ils doivent être précédés.

Il fallait que, il fallut hier que, il faudrait

que; ou si c'était moi qui.

Voulusse	défectif	défectif	me laissasse
Absoudre,	braire,	bruire	choir (vieux)
Voulusse ou fisse	fisse	défectif	fisse
Clore	frire	haïr,	luire pris dans un sens métaphorique
Envoyasse ou allasse	fisse	défectif	pusse ou voulusse
Querir	paître,	scoir	traire et ses composés se *distraire*, se *soustraire*.

5°. Le Participe.

Le participe est ainsi nommé, parce qu'il participe de la nature du verbe et de celle de l'adjectif,

Il y a deux sortes de participes : le participe présent, le participe passé.

Participe Présent.

Le participe présent exprime une action présente. Il est terminé par *ant*, et est invariable. Il se distingue de l'adjectif, en ce qu'il suppose un régime exprimé ou sous-entendu *qui* ou *quoi;* au lieu que l'adjectif exprime la qualité de la personne ou de la chose.

Cette jeune personne est *charmante* et *étonnante*.

Cette jeune personne *charmant* et *étonnant* (qui) tout le monde.

Les participes suivants rentrent dans la classe des adjectifs. *Apartenant*, *approchant*, *dépendant*, *jouissant*, *répugnant*, *tendant*, *usant*.

Une prière *tendante* à obtenir. Des femmes *jouissantes* et *usantes* de leurs droits. Vous avez une façon de penser *répugnante* à la mienne.

Participe Passé.

Le participe passé est toujours précédé d'un des temps des auxiliaires *avoir* ou *être*.

L'objet direct du participe passé répond au mot (qu'est-ce que), l'objet indirect, au mot (à qui).

Le participe passé précédé d'un des temps du verbe être, *est-il variable ou invariable? c'est-à-dire prend-il ou ne prend-il pas le genre et le nombre du sujet (qu'est-ce qui?)*

Le participe passé précédé d'un des temps du verbe *être* marquant l'existence, est toujours variable.

Madame je serai *flatté* ou *flattée* de vous recevoir quand vous serez *arrivée*.

Mesdames nous serons *flattés* ou *flattées* de vous recevoir quand vous serez *arrivées.*

Règle unique,

Pour connaître quand le participe passé, n'étant pas suivi d'un verbe, précédé d'un des temps des auxiliaires* avoir, *ou* être *signifiant* avoir, *est variable ou invariable.

Le participe passé n'étant pas suivi d'un verbe, précédé d'un des temps des auxiliaires *avoir* ou *être* signifiant *avoir*, n'est variable, que quand il est précédé de son objet direct (qu'est-ce que).

Des *personnes* que vos amis ont *obligées.* Qu'est-ce que vos amis ont obligé? des *personnes;* l'objet direct *personne* est avant le participe, accord.

Vos amis ont *obligé* plusieurs *personnes.* L'objet direct *personne* est après le participe, point d'accord.

Vos protecteurs *vous* ont *servi* à vous retirer d'embarras.

A qui vos protecteurs ont-ils *servi?* à *vous.* A *vous* est l'objet indirect, et non pas l'objet direct du participe, point d'accord.

Messieurs vos protecteurs vous ont puissamment *servis* dans cette affaire.

Qu'est-ce que vos protecteurs ont servi?

vous, l'objet direct *vous*, précède le participe, accord.

Ces dames *se sont imaginé* que je leur en voulais.

Qu'est-ce que ces dames ont imaginé? elles ont imaginé en *elles-mêmes* et non point *elles*, point d'accord.

Les six années que nous avons *vécu* ensemble.

Nous n'avons pas *vécu* six années; mais pendant six années, point d'accord.

Les *peines* que m'a *données* cette affaire. D'OLIVET.

Qu'est-ce que cette affaire m'a donné? *des peines*, l'objet direct *peine* est avant le participe, accord.

Le peu de *bonne volonté* que vous *m'avez témoignée*. Qu'est-ce que vous m'avez témoigné? *peu de bonne volonté*. L'objet diréct *bonne volonté*, précède le participe, accord.

Les chaleurs qu'il a *fait*. La disette qu'il y a *eu*. La pluie qui est *tombé*. Ces trois participes sont invariables, parce qu'on ne fait point de la chaleur, on n'a point de la disette et on ne tombe point de la pluie.

Les hommes que j'ai *plaints*. Les accidents que j'ai *craints*.

C'est une personne que j'ai *plainte.* C'est une maladie que j'ai *crainte.*

On obéit à la grammaire; mais on révolte l'oreille.

On peut bien employer le féminin, pourvu qu'on ait l'art de le placer, ensorte qu'il ne puisse être confondu avec le substantif.

On diroit fort bien; elle, coupable, cependant je l'ai *plainte* et même *excusée.* Cette personne est plus *crainte* qu'aimée.

Règle sûre pour connaître quand le participe passé suivi d'un verbe, ou supposant un verbe sous-entendu, est variable ou invariable.

Le participe passé suivi d'un verbe est variable, lorsque la personne fait l'action; invariable, quand elle la reçoit, ou lorsque le participe passé suppose un verbe sous-entendu.

La femme que j'ai *vue* chasser dans la plaine, a pris beaucoup de gibier.

Qu'ai-je vu? la femme qui chassait, accord.

La femme que j'ai *vu* chasser de la plaine, n'était pas contente.

On la *chasse* de la plaine, point d'accord.

Les soldats que j'ai *vu* passer en revue.

Les soldats ne se passent pas en revue, point d'acord.

Les officiers que j'ai *vus* passer en revue les soldats.

Les officiers passent en revue les soldats, accord.

La cuisinière que j'ai *envoyée* chercher des herbes au marché.

Elle va chercher des herbes, accord.

La cuisinière que j'ai *envoyé* chercher, n'a pas voulu venir.

On l'envoie chercher, point d'accord.

Je ne vous ai pas rendu tous les services que j'aurais *pu*, que j'aurais *voulu*, que j'aurais *dû*, que j'aurais *désiré*, sous-entendu vous rendre, point d'accord.

Cette demoiselle est plus instruite que je ne l'avais *imaginé*.

C'est-à-dire que je n'avais *imaginé* qu'elle était, point d'acord.

La maison que vous avez *laissé* tomber en ruine.

La maison ne se laisse pas tomber, point d'accord.

Les livres que vous avez *laissé* tomber.

Les livres ne se laissent pas tomber, point d'accord.

Les tourterelles que j'ai *entendues* se plaindre.

Elles se plaignent, accord.

Les malheureux que j'ai entendu plaindre.

On les plaint, point d'accord.

Phrase qui renferme les participes passés dont je viens de parler; pour être analysée par les élèves.

Les ouvriers que j'ai *envoyé* chercher, *se* sont mal *comportés*. Que de personnes ont *blâmé* leur conduite. Ceux que j'ai *envoyés* chercher la toile que j'avais *laissée* à trois *milles* d'ici, se sont *laissé* surprendre par la nuit. Le peu de diligence qu'ils ont *faite*, les a *exposés* aux poursuites des voleurs qui ne les ont *laissé* partir, qu'après en avoir *dépouillé* plusieurs, les avoir *maltraités*, leur avoir *fait* mille outrages et les avoir *laissés* pour morts. Que de mauvais traitements n'ont-ils pas *essuyés* !

6°. L'ADVERBE.

L'adverbe est un mot invariable qui se joint avec les verbes et avec les adjectifs, pour en exprimer les manières ou les circonstances.

Quand l'adjectif est terminé au masculin

par

par une voyelle, on forme l'adverbe en ajoutant *ment*, *vraiment*, *modérément*, *joliment*, *ingénument*, *gentil* fait *gentiment*, parce que la lettre *l* ne se prononce pas.

Quand l'adjectif est terminé au masculin par une consonne, l'adverbe se forme de la terminaison féminine, en y ajoutant *ment*, *libéralement*, *bonnement*.

Les adjectifs terminés par *ant* et par *ent*, changent *ant* en *amment*, *ent* en *emment*. On prononce *amant*.

Constant, *constamment*, *prudent*, *prudemment*.

Il y a sept sortes d'adverbes.

1o. Les adverbes de temps ; *hier*, *aujourd'hui*, etc.

2o. Les adverbes d'ordre et de rang ; *avant*, *après*, etc.

3o. Les adverbes de lieu ; *ici*, *là*, *près*.

4o. Les adverbes de quantité ; *peu*, *beaucoup*.

5o. Les adverbes d'affirmation, *oui* ; de négation, *non*.

6o. Les adverbes de comparaison ; *aussi*, *plus*, *davantage*, *moins*.

7o. Les adverbes de qualité ou de manière ; *grandement*, *poliment*.

7°. LA PRÉPOSITION.

La préposition est un mot invariable placé devant un nom ou un pronom qu'elle régit.

Avant le jour, *sur* lui, *chez* vous, *dans la* chambre, etc.

EMPLOI DES PRÉPOSITIONS.

Avant, marque la priorité de temps ou d'ordre, au lieu que *devant* signifie *en présence*, *vis-à-vis*.

Avant la fin de l'année. Il a paru *devant* ses juges.

Auparavant, sans régime, termine la phrase, et marque la priorité.

Il fallait venir *auparavant*.

Autour, régit *de*, autour *de* la chambre. *A l'entour* sans régime. Tous les échos *d'alentour*.

Au travers, régit *de*, *du*, au travers *du* carreau.

A travers, régit *le*, à travers *le* corps.

Durant, marque une durée continue. J'ai été malade *durant* tout l'hiver.

Pendant, marque un temps d'époque, et non une continuité sans interruption. *Pendant* votre séjour d'un mois à Paris.

Dans, marque un sens précis et déterminé. *Dans* huit jours j'irai à Lyon.

En, marque un sens vague et indéterminé. Les troupes vont se mettre *en* campagne. J'irai demain *à la* campagne.

Où est madame? elle est *à la* ville. C'est-à-dire n'est pas à la campagne. Elle est *en* ville c'est-à-dire n'est pas au logis. BOUHOURS.

Quant à, signifie par rapport à ; *quant à* elle.

Auprès de, emporte l'idée de fréquentation. Maman, que je coule des jours heureux *auprès de* toi !

Près de, signifie *sur le point de*. Je suis *près de* terminer mes affaires.

Prêt à, signifie *disposé à*. Je suis *prêt à vous* obliger.

Vis-à-vis de, marque une oposition physique. Je demeure *vis-à-vis de* l'église.

A l'égard de, *envers*, ce qui concerne les personnes.

J'ai des torts à *l'égard de* vous, *envers* vous.

RÉPÉTITION DES PRÉPOSITIONS ET DES ARTICLES.

On doit répéter les prépositions et les articles avant les substantifs et les adjectifs qui expriment des choses ou des qualités opposées.

C'est une *des* plus aimables, *des* plus jolies personnes que je connaisse.

C'est un *des* ouvrages *les* plus intéressants que j'aie lus ; et non pas un *des* ouvrages *des* plus intéressants.

Cette expression, un *des* ouvrages *des* plus intéressants, semble contraire à l'analogie. Le rapport extractif un *des*, est assez marqué, sans qu'il soit besoin de répéter la préposition *de* avant le superlatif.

8°. LA CONJONCTION.

La conjonction est un mot invariable qui lie les membres de phrases et les parties du discours :

Et, *ni*, *puisque*, *quoique*, *or*, *donc*, *mais*, *afin que*, *quand*, *comme*, etc.

Quand doit-on écrire, l'un l'autre, l'un *et* l'autre?

On doit écrire *l'un et l'autre*, quand les deux sujets dont on parle, sont distincts. *L'un l'autre*, quand les deux sujets sont réciproques.

J'ai lu les tragédies de Racine et de Corneille, *l'une et l'autre* sont excellentes.

Ces deux amis s'aiment tendrement *l'un l'autre*, c'est-à-dire réciproquement.

Quand doit-on écrire ni l'un ni l'autre n'est ou ne sont?

On doit écrire *ni l'un ni l'autre n'est*, quand il n'y a qu'un des deux substantifs qui fait ou qui reçoit l'action ; mais on doit écrire *ni l'un ni l'autre ne sont*, quand les deux substantifs font ou reçoivent en même temps l'action.

Ni l'une ni l'autre n'est ma cousine.

Ni l'or ni la grandeur ne nous rendent heureux.

LA FONTAINE.

Quand même, *est-il variable ou invariable?*

Même, pris dans le sens *d'aussi*, *de plus*, est invariable; mais dans les autres cas, il est variable.

J'aime le blanc, le rouge, le bleu *même*, c'est-à-dire *aussi* le bleu.

Ces personnes-là voient tout par elles-mêmes.

Quand doit-on employer pour, afin de?

Pour, marque la chose qu'on veut faire.

Afin de, désigne le but qu'on se propose en la faisant.

Cet auteur se donne bien de la peine *pour*

composer un ouvrage; s'il se donne tant de peine, c'est *afin* d'acquérir de la gloire.

9°. DE L'INTERJECTION.

L'interjection est un mot invariable dont on se sert pour exprimer les divers mouvements de l'âme.

Ah! marque la joie, la surprise, la douleur.

Ah! que je suis ravi de vous voir! *ah!* que me dites-vous là!

Ah! que je souffre!

Ha, ha! bah! expriment la surprise, l'étonnement.

Ha! ha! vous voilà. *Bah!* cela vous est arrivé.

Hé! ho! quand on appelle, et qu'on témoigne de la commisération.

Hé! ho! viens-çà! *hé* pauvre malheureuse que je vous plains!

Eh! oh! marquent la surprise ou l'affirmation.

Eh! ce tableau-là ne vous frappe-t-il pas par son coloris!

Oh! vraiment je m'y connais bien.

O, quand on adresse la parole aux personnes ou aux êtres inanimés.

O Fénélon, *ô* grand homme!

O siècle! *ô* temps! *ô* mœurs!

O suprême plaisir de faire des heureux!

St sert à appeler, st! st!

Cette dernière interjection est la seule syllabe où il n'y ait pas de voyelle.

Le ton de la voix détermine ordinairement le sens des interjections. Chacune doit avoir une inflexion particulière suivant les différentes passions qui animent la personne qui parle.

DE LA PROSODIE.

La prosodie est l'art de donner à chaque son le ton qui lui est propre.

Il y a des sons longs ou brefs qui marquent la quantité; et d'autres ouverts ou fermés qui marquent l'accentuation ou l'aspiration.

Les sons *i*, *u*, *eu*, *ou* seuls, ou suivi d'une consonne, excepté *s*, sont brefs:

Polĭ, vertŭ, feŭ, cloŭ, émŭ, cœŭr, neŭf, etc.

Excepté l'*e* muet tous les sons qui finissent par *s*, *x*, *z*, sont longs, et on ne doit jamais faire sonner l'*s* devant une consonne, à moins que ce ne soit un nom propre :

Fils, nēz, choix, pleūrs, mœūrs, Grēcs, sēns, fērs, désirs, désērts.

Exceptions.

1°. Les mots terminés par un *x*, qui ne sont pas précédés d'une diphtongue, sont dans leur lettre finale brefs ;

Ajăx, borăx.

2°. L'*s* quoique devant une consonne, doit sonner dans les mots suivants :

Aloēs, ambesās, anūs, ās, bibūs, blocūs, calūs, chorūs, colera-morbūs, dervīs (prêtre turc), florēs, fœtūs, garūs, gratīs, irīs, jadīs, lāps, līs macīs, maïs, mārs, oremūs, palūs-méotides, sou Parisīs, Picpūs, pīs de la vache, rasibūs, rebūs, Rheīms, relāps, Rubēns, sinūs, en sūs, les ūs, cēns, redevance en argent.

Dans les mots terminés par un *e* muet précédé d'une voyelle, la syllabe est longue :

Armēe, vīe, joīe, vūe.

Les nasales sont longues :

āmbre, ēmplir, īmpie, ōmbre.

Quand les deux *m* ou les deux *n* sonnent, la syllabe est brève :

ĭmmortel, ĭmmanquable, ĭmmuable.

N sonne dans abdomĕn; amĕn, examĕn, hymĕn,

On reconnait qu'un son est nasal, quand on peut faire une pause insensible, ou supposer une virgule. *Intention excellente*, *le bien ou le mal*, etc.

Entre deux voyelles, dont la dernière est muette, les lettres *s* et *z* allongent la syllabe :

Rōse, rūse, que je donnāsse, etc.

Aye mouillé, toujours bref :

Je păye, je bégăye.

Dans les mots terminés par *l* mouillé, la syllabe est brève :

Médaĭlle, je travaĭlle, avrĭl, pérĭl, gentĭl (païen.)

Er, est bref dans Jupitĕr, ethĕr, cancĕr ; long, dans fēr, enfēr, légēr, mēr, amēr, hivēr.

Er bref dans les infinitifs, quand l'*r* ne sonne pas :

Etudiĕr la géographie.

Er long dans les infinitifs, quand l'*r* sonne :

Aimēr à obligĕr.

Dans les mots terminés par *rs*, *rre*, précédés d'une voyelle, la syllabe est longue :

Univērs, bārre, guērre, etc.

Err est bref et ouvert, quand on prononce les deux *r* :

ĕrreur, tĕrrible, ĕrroné.

Toute syllabe précédant les sons *sion* et *tion* est longue :

Lésion, modérātion, opprēssion.

Obe long et ouvert :

Glōbe, lōbe. Bref et fermé ailleurs : rŏbe, il dérŏbe, etc.

Oge, long dans le Dōge. Bref hors de là, élŏge, horlŏge, etc.

VERSIFICATION
FRANÇAISE.

La versification française est l'art d'être correct dans la structure des vers.

Les vers sont des paroles mesurées et cadencées, selon certaines règles fixes et déterminées.

Ces règles regardent 1o. le nombre des syllabes qui doivent entrer dans les vers; 2o. la césure ou l'hémistiche qui doit y marquer un repos; 3o. la rime qui les termine; 4o. les mots que le vers exclut, 5o. les licences qu'il permet; 6o. les mots propres à la poésie; 7o. les diverses manières dont les vers doivent être arrangés entre eux dans les différentes espèces de poëmes, ou de pièces de vers.

1o. DU NOMBRE DES SYLLABES.

C'est le nombre de syllabes qui distingue les differentes espèces de vers français.

Il y a des vers 1o. de douze syllabes, que l'on appelle *Alexandrins*, *héroïques* ou *grands vers.*

Ré-pon-dez,-cieux-et-mer, et-vous,-ter-re, par-lez.

2o. De dix syllabes :

A-nos-san-glots-don-nons-un-li-bre-cours.

3o. de huit syllabes :

Je-veux-et-n'ac-com-plis-ja-mais,
Et-je-fais-le-mal-que-je-hais.

4o. De sept syllabes :

Mes-sens-sont-gla-cés-d'ef-froi.
Dieu-jus-te-ré-pon-dez-moi.

5o. De six syllabes :

Oh-ré-veil-plein-d'hor-reur !
Oh-dan-ge-reu-se-er-reur !

Les vers qui ont moins de six syllabes ne sont guère d'usage que pour la poésie lyrique, et quelques petites pièces badines.

2o. DE LA CÉSURE.

La césure est un repos qui coupe le vers en deux parties ou hémistiches. Dans les vers *Alexandrins*, la césure est à la sixième syllabe ; mais dans les vers de dix syllabes, la césure est à la quatrième.

3o. DE LA RIME.

La rime est la désinence de deux sons égaux ou équivalents.

Egaux, *douleurs*, *frayeurs* ; équivalents, *repos*, *pipeaux*.

Il y a deux sortes de rimes : la rime masculine et la rime féminine.

La désinence de la rime féminine est celle qui finit par un *e* muet, soit seul, soit suivi de *s* ou de *nt*.

Elvire m'as-tu fait un rapport bien sincèr*e* ?
Ne déguises-tu rien de ce qu'a dit mon pèr*e* ?

Objet infortuné des vengeances célest*es*
Je m'abhorre encore plus que tu ne me détest*es*

Les forêts de nos cris moins souvent retentiss*ent*
Chargés d'un feu secret, vos yeux s'appésantiss*ent*.

La désinence de la rime masculine est celle qui ne finit point par un *e* muet, par *es* ou par *ent*.

Allez, et que les Grecs qui vont vous immol*er*;
Reconnoissent mon sang; en le voyant coul*er*.

Les verbes terminés par *oient* ou par *aient* à l'imparfait et au conditionel présent, n'ayant que le son d'un *e* ouvert, forment une rime masculine.

Aux accords d'Amphion les pierres se mouv*oient*,
Et sur les murs Thébains en ordre s'élev*oient*.

Il y a deux sortes de rimes : la rime *riche* et la rime *suffisante*.

La rime riche est formée de deux sons parfaitement senblables, et même autant qu'on le peut, représentés par les mêmes lettres.

Sauvons encore un coup notre gloire off*ensée*,
Pour votre hymen Achille a changé de p*ensée*.

La rime *suffisante* est celle qui n'a pas une ressemblance aussi rigoureuse de sons et d'ortographe ; mais qui suffit cependant pour produire à l'oreille une véritable consonnance entre la fin des deux vers.

A ma table partout, à mes côté *assis*,
Je prétends vous traiter comme mon propre *fils*.

Un mot pris dans le même sens, ne peut se placer pour la rime à la fin de deux vers; on n'y doit pas même mettre deux composés du même mot; ainsi *amis* et *ennemis*, ne riment pas bien, non plus que *prudence* et *imprudence*.

Je connais trop les grands, dans le malheur *amis*,
Ingrats dans la fortune, et bientôt *ennemis*

Les deux hémistiches d'un vers ne doivent pas rimer ensemble, ni même avoir une convenance de sons, comme:

Il ne tiendra qu'à *toi* de partir avec *moi*
Aux saumaises *futurs* préparer des *tortures*

Le dernier hémistiche d'un vers ne doit pas non plus rimer avec le premier du vers précédent ou du vers suivant.

Il faut pour les avoir, employer tous vos *soins*.
Ils sont à moi, du *moins* tout autant qu'à mon frère.

Un fiacre me couvrant d'un déluge de boue
Contre le mur *voisin* m'écrase de sa roue;

Et voulant me sauver, des porteurs *inhumains*
de leur maudit bâton me donnent dans les reins.

Lorsque les rimes marchent deux à deux à l'alternative, on les appelle rimes suivies, comme dans les vers suivants :

Quel malheur imprévu vient encor me confondre?
Quel peut être cet ordre? et que puis-je répondre?
Il n'en faut point douter, le sultan inquiet
Une seconde fois condamne Bajazet.
On ne peut sur ses jours sans moi rien entreprendre;
Tout m'obéit ici. Mais dois-je le défendre?
Quel est mon empereur? Bajazet? Amurat?
J'ai trahi l'un; mais l'autre est peut-être un ingrat.
Le temps presse; que faire en ce doute funeste?
Allons : employons bien le moment qui nous reste.
Ils ont beau se cacher, l'amour le plus discret
Laisse par quelque marque échapper son secret.
Observons Bajazet; étonnons Atalide :
Et courronnons l'amant, ou perdons le perfide.

Lorque les rimes masculines et féminines se succèdent l'une à l'autre, et se mêlent, au gré du poëte, on les appelle rimes croisées.

Vous qui ne connoissez qu'une crainte servile,
Ingrats, un dieu si bon ne peut-il vous charmer?
Est-il donc à vos cœurs si difficile
Et si pénible de l'aimer?
Dieu parle; et nous voyons les trônes mis en poudre,
Les chefs aveuglés par l'erreur,
Les vaisseaux submergés, ou brûlés par la foudre.

Dans les rimes suivies, on ne doit revenir à la même qu'après un certain nombre de vers, au lieu que dans les rimes croisées, le redoublement des désinences, fait le charme de l'oreille.

4°. DES TERMES QUE LE VERS EXCLUT.

Les bons poëtes rejettent avec soin tous les mots prosaïques, durs ou trivials que le goût doit écarter. Rarement ils se servent des conjonctions que les orateurs emploient heureusement pour lier et pour arrondir leurs périodes, telles que : *c'est pourquoi*, *parce que*, *pourvu que*, *de manière* ou *de façon que*, *d'ailleurs*, *en effet*, *de sorte que*, *outre que*, *quelconque*, etc.

Un mot terminé par une autre voyelle que l'*e* muet, ne peut être suivi d'un mot qui commence aussi par une voyelle, ou par un *h* muet : ce serait un hiatus.

Gardez qu'une voyelle à courir trop hâtée,
Ne soit d'une voyelle en son chemin heurtée.

La conjonction *et* ayant le son de l'*e* fermé, ne saurait non plus dans le vers être suivie d'une voyelle. On ne pourrait pas dire en vers :

Qui sert *et* aime Dieu, possède toutes choses.

Mais on dira bien :

Qui connaît *et* sert Dieu, possède toutes choses.

5°. DES LICENCES POÉTIQUES.

Toutes les licences se bornent à quelques changements dans l'ortographe et à l'inversion.

On permet le retranchement de l'*s* dans *remords*, *Athènes*, *Thèbes*, *je vois*, *je dis*, *je vis*, suivant le besoin de la rime ; mais on doit conserver l'*s* aux secondes personnes du singulier. On ne doit pas écrire tu *fai*, tu *pense*.

Les poëtes écrivent selon le besoin *jusque*, ou *jusques* ; *encore* ou *encor* ; *grace au ciel* ou *graces au ciel*.

Ils emploient aussi *alorsque* pour *lorsque* ; *cependant que* pour *pendant que* ; *avecque* pour *avec*. Les bons poëtes se servent rarement de ces dernières licences.

Les poëtes placent aussi avec grace les régimes composés avant les noms et les verbes dont ils dépendent.

> C'est Dieu qui *du néant* a tiré l'univers,
> C'est lui qui *sur la terre* a répandu les mers.

6°. DES MOTS PROPRES A LA POÉSIE.

Les mots propres à la poésie, sont ceux qui ont une noblesse, une certaine emphase, qui les élève au-dessus du langage ordinaire tels sont : *antique* pour *ancien* ; *coursier* pour *cheval* ; *l'Eternel*, le *Très-Haut*, le *Tout-Puissant* pour Dieu ; le *flanc* pour le *sein*, le *ventre*, le *côté* ; le *glaive* pour l'*épée* ; les *forfaits* pour les *crimes* ; les *humains*, les *mortels* pour les *hommes* ; l'*hymen* ou l'*hyménée* pour le *mariage* ; l'*espoir* pour l'*espérance* ; *jadis* pour *autrefois* ; *labeur* pour le *travail* ; *repentance* pour *repentir* ; *soudain* pour *aussitôt* ; *ombre éternelle*, *sombres bords*, pour l'*enfer*, etc.

7°. DE L'ARRANGEMENT DES VERS ENTRE EUX.

Dans cet arrangement, il faut avoir égard, soit au nombre des syllabes de chaque vers, soit à la manière dont sont disposées les rimes.

Quant au nombre des syllabes, il est arbitraire dans les pièces libres et dans la poésie lyrique ; mais il est déterminé dans les autres pièces sérieuses, qui sont la plupart écrites en vers de douze syllabes, comme le poëme épique, le poëme dramatique, l'églogue, l'élégie, la satyre, l'épître.

On ne doit pas mettre de suite deux vers masculins ou deux vers féminins qui ne riment pas ensemble. On ne doit pas écrire comme Marot :

Amour trouva celle qui m'est amère
Et j'y étais, j'en sais bien mieux le conte.

Il ne faut pas non plus que des vers mascu-lins et féminins qui se suivent, rient des rimes consonnantes l'une avec l'autre, comme ceux-ci :

Tels des antres du Nord, échappés sur la *terre*,
Précédés par les vents et suivis du *tonnerre*,

D'un tourbillon de poudre obscurcissant les *airs*,
Les orages fougueux parcourent *l'univers*.

DES STANCES.

La stance est composée d'un certain nombre de vers qui ne sont pas ordinairement moins de quatre, ni plus de dix.

La mesure des vers y est arbitraire ; ils peuvent être ou tous grands, ou tous petits, ou bien mêlés les uns avec les autres.

Pour la perfection des stances, il faut 1°. que le sens finisse avec le dernier vers de chacune ; 2°. que le dernier vers d'une stance ne rime pas avec le premier de la suivante ; 3°. que les mêmes rimes ne reparaissent pas dans deux stances consécutives.

O Dieu ! que ton pouvoir est grand et redoutable !
Qui pourra se cacher au trait inévitable,
Dont tu poursuis l'impie au jour de ta fureur !
A punir les méchants ta colère fidelle,
Fait marcher devant elle
La mort et la terreur.

Quand le sujet a plus de grandeur, le style plus d'élévation et de force, les images plus de vivacité, et qu'un certain désordre qui naît de l'enthousiasme, règne dans toute la pièce, elle prend le nom d'ode, et les stances, celui de strophes.

DU SONNET

Le sonnet est composé de quatorze vers d'une mesure égale, et ordinairement de douze syllabes. Ces vers sont partagés en deux quatrains, suivis de deux tercets, ou stances de trois vers.

Les rimes masculines et féminines sont semblables dans les deux quatrains, et entremêlées dans l'une de la même manière que dans l'autre.

Les deux premiers vers de chaque tercet riment ensemble; la rime en est différente dans les deux tercets. Le troisième vers de l'un rime avec le second de l'autre.

Il faut, dans chaque quatrain, un repos après le second vers, et un repos plus marqué après le quatrième. Il doit y en avoir un aussi à la fin du premier tercet; mais il n'est pas nécessaire qu'il soit plus fort que celui du second vers de chaque quatrain.

Tout doit être noble dans ce poëme; pensées, style, élocution, point de répétitions, point de rédondance.

Sonnet de Desbareaux.

Grand Dieu, tes jugements sont remplis d'équité.
Toujours tu prends plaisir à nous être propice;
Mais j'ai tant fait de mal, que jamais ta bonté
Ne me pardonnera, qu'en blessant ta justice.

Oui, seigneur, la grandeur de mon impiété
Ne laisse à ton pouvoir que le choix du supplice,
Ton intérêt s'oppose à ma félicité,
Et ta clémence même attend que je périsse.

Contente ton désir, puisqu'il t'est glorieux :
Offense-toi des pleurs qui coulent de mes yeux :
Tonne, frappe, il est temps : rends-moi guerre pour guerre

J'adore en périssant la raison qui t'aigrit;
Mais dessus quel endroit tombera ton tonnerre,
Qui ne soit tout couvert du sang de Jésus-Christ?

DU RONDEAU.

Une ingénieuse simplicité fait le caractère propre du rondeau.

Ah! qu'il est bon, ce Volenai nouveau!
Un doux transport me saisit le cerveau,
Dès qu'à mes yeux ce jus céleste brille.
Verse, laquais : ô dieu, comme il pétille!
Honneur et gloire au maître du côteau.
Lui d'hiprocrène aimant mieux le ruisseau,
A ses amis prodigue son tonneau.
Fut-il jamais manière plus gentille?
Ah! qu'il est bon?

Moi qui ne puis qu'en style de Brodeau,
Lui rendre ici graces d'un don si beau,

Fier je serai plus qu'un grand de Castille,
S'il daigne en gré prendre cette vétille,
Et s'écrier en voyant mon rondeau ;
Ah! qu'il est bon !

DE L'ÉPIGRAMME.

L'épigramme est l'expression d'une pensée fine et satyrique.

Mes malades jamais ne se plaignent de moi,
Disoit un médecin d'ignorance profonde ;
Ah! repartit un plaisant, je le croi,
vous les envoyez tous se plaindre en l'autre monde.

DU MADRIGAL.

Le Madrigal est l'expression d'une pensée délicate.

A la louange de Louis XIV.

Les muses à l'envi travaillant pour la gloire
De Louis, le plus grand des Rois,
Orneront de son nom le temple de mémoire.
Mais la grandeur de ses exploits,
Que l'esprit humain ne peut croire,
Fera que la postérité
Lisant une si belle histoire,
Doutera de la vérité.

DE L'INSCRIPTION, DE L'EPITAPHE.

L'inscription est destinée pour les monuments, et l'épitaphe est consacrée aux tombeaux. L'un et l'autre renferment comme le madrigal et l'épigramme une louange ou un trait de satyre.

Auguste pour donner aux Romains de beaux jours,
A dû ne vivre jamais, ou bien vivre toujours.

Ci-gît ma femme : Ah ! qu'elle est bien
Pour son repos et pour le mien.

DU DISTIQUE.

Le distique n'a que deux vers.

Ici gît l'égal d'Alexandre.
Moi, c'est-à-dire, un peu de cendre

DE L'EGLOGUE.

L'Eglogue est une sorte de Poésie pastorale, où d'ordinaire on fait parler les bergers.

DE L'ÉLÈGIE.

L'Élégie est une espèce de Poésie qui s'emploie dans les sujets tristes et plaintifs, principalement dans ce qui regarde l'amour.

EXPRESSIONS

Communes, impropres ou tronquées.

Une apprentisse ; (dites)	une apprentie.
une acabit,	un acabit.
je suis allé baigner hier,	j'ai été me baigner hier.
une arguillon,	un ardillon.
je suis sorti ce matin,	j'ai sorti ce matin.
ajambez,	enjambez.
un anti-chambre,	une anti-chambre.
du vin d'alicant,	d'alicante.
allumez la lumière,	la chandelle, la bougie.
un alcove,	une alcove.
aller l'ambe,	l'amble.
gagner une ambre,	un ambe.
avanzière,	prononcez avanhier.
Talma est un artiste célèbre,	un acteur célèbre.
ce n'est pas à nos âges,	à notre âge.
un couvre-pied d'aigledon,	d'édredon.
allons promener,	allons nous promener.
assurez madame,	assurez [illegible] madame.
en airière,	en arrière.
allée de traverse,	qui traverse, passage.
une angoise,	une angoisse.
vous abimez ma robe,	vous salissez.
aveindez mon habit,	aveignez.
l'asard m'a servi,	le hasard.
allumez le feu,	faites du feu.
cette femme a l'air douce,	l'air doux.
ces huîtres ont l'air fraîches,	paraissent fraîches.
balyez,	balayez.
il brouillasse,	il bruine.
vous bosselez mon argenterie,	vous bossuez.
il fait des boues, des crottes,	de la boue, de la crotte
un baromette,	un baromètre.
une bavaloise,	une bavaroise.
du vin buvable. (familier)	potable.
une affaire conséquente.	importante.

la cacaphonie,	la cacophonie.
à chroche pied,	à cloche pied.
un homme crapu,	trapu, gros, court.
la castonade,	la cassonade.
des cersifis,	des salsifis.
un caneçon,	un caleçon.
de bonnes concombres	de bons concombres.
un club,	prononcez clob.
un chaircuitier,	un charcutier.
un chirugien,	un chirurgien.
un clou à porte,	un cloporte.
un colimaçon,	un limaçon.
un colidor,	un corridor.
un cataplace,	un cataplasme.
jouer à la crémusette.	à la cligne-musette.
la corporance,	la corpulence.
un chacun en parle,	chacun en parle,
étamez ma casterolle,	ma casserolle.
un cristère,	un clystère.
de la clairté,	de la clarté.
un œuf coui,	couvi, à demi couvé.
j'arrive de campagne,	de la campagne.
la cramaillère,	la crémaillère.
le dernier à dieu,	le denier à dieu.
cela ne fait de rien,	ne fait rien.
si je descends en bas,	si je descends.
si je monte en haut,	si je monte.
j'ai bien dansé,	j'ai beaucoup dansé.
je vous demande excuse,	je vous fais des excuses.
donnez m'en un petit peu,	un peu.
les souliers que j'ai dans les pieds	aux pieds.
mes plus grands délices,	mes plus grandes délices.
la machine se détracte,	se détraque.
j'ai dormi un somme,	j'ai fait un somme.
vous ne décessez de parler,	vous ne cessez.
votre vie durante,	durant.
donne moi-zen,	donne m'en.

désir, *désert* avec l'accent aigu, comme étant dérivés du latin.

nom des doigts; le *pouce*, l'*index*, le *medius*, l'*annulaire*, l'*auriculaire*.

il s'est en allé,	il s'en est allé.
une esclande,	une esclandre.

en éviter la peine,	en épargner la peine.
enfant mal éduqué,	mal élevé.
tomber en étisie,	en phthisie.
un esquilancie,	une esquinancie.
en outre de cela,	outre cela.
une écharpe dans le doigt,	une écharde.
vous m'esclaboussez,	vous méclaboussez.
une échaffourée,	une échauffourée.
vous allez empuanter la maison,	empuantir.
un coup d'espadron,	un coup d'espadon.
enterrez le feu.	couvrez le feu.
les êtes de la maison,	les êtres.
un falbana,	un falbala.
un ferluquet,	un freluquet.
un fillot.	un filleul.
des fibres délicats,	délicates.
un faignant	un fainéant.
je sais vos ferdaines,	vos fredaines.
la finale d'un opéra,	le final.
j'ai les fièvres,	la fièvre.
nous sommes en frérie,	en férie.
on n'en finirait pas,	on ne finirait pas.
des bœufs, des œufs, des cerfs,	sans faire sonner l'*f*.
tourte de franchipanne,	de frangipanne.
une foucade,	une fougade.
un vaisseau de filagrame,	de filigrane.
fleurez cette rose,	flairez.
cette pommade flaire bon,	fleure bon (sent bon).
une fumelle,	une femelle.
où fûtes-vous promener hier?	où allâtes-vous vous promener?
une gayote,	une galiote.
un gigier,	un gésier.
la cangrenne,	la gangrenne.
une geanne,	une géante.
une gession.	une gestion.
une granmaire,	une grammaire.
les gravats,	les gravois.
du godron,	du goudron.
une figure grelée,	marquée de petite vérole.
du fromage de grière,	de gruyère.
une chienne d'une bonne guette,	d'un bon guet,

un groseiller,	un groseillier.
un *signet*, *Regnard* (poëte).	sans faire sonner le *g*.
second, *secret*, *secrétaire*,	prononcez *c* comme *g*.
encoignure, *oignon*, *oignonière*,	*oignonet*, sans prononcer l'*i*.
le cardinal de *Guise*, le *Gnide*,	peintre, en faisant sonner l'*u*.
je suis harassé,	en aspirant l'*h*.
c'est honteux,	en aspirant l'*h*.
vous êtes hardi,	en aspirant l'*h*.
hen,	plait-il ?
le loup heurle,	hurle.
un hustuberlu,	un hurluberlu.
un horloge,	une horloge.
des haricots,	en aspirant l'*h*.
hier soir,	hier au soir.
eau de la reine de Hongrie, d'Hongrie,	sans aspirer l'*h*.
j'arrive d'Hongrie, de Hongrie,	aspirez l'*h*.
de la toile de Hollande, d'Hollande.	sans aspirez l'*h*.
j'arrive d'Hollande, de Hollande.	aspirez l'*h*.
c'est une personne humorique,	humoriste.
cette femme m'en impose,	m'impose, commande mon respect.
cette personne m'impose,	m'en impose, veut me tromper.
une indigession,	une indigestion.
incognito, *magnétisme*,	*gn* a le son mouillé.
un *ingredient*,	prononcez iant.
ce moment ici,	ce moment-ci.
imitez l'exemple de Julie,	suivez l'exemple.
un danger éminent,	imminent.
un jeu d'eau,	un jet d'eau.
jouons aux onchets,	aux jonchets.
de bonnes légumes,	de bons légumes.
donnez-lui la,	donnez-la lui.
donnèle, apportèle,	donnez-le apportez-le.
la lichefrite,	la léchefrite.
du cresson à la noix,	alénois.
un levier de cuisine,	un évier.
de la marmalade,	de la marmelade.
de l'eau de milice,	de mélisse.
le Missipipi,	le Missisipi.

l'étoile matinière,	qui appartient au matin.
vous êtes matinal,	vous vous levez matin.
vous êtes matineux,	vous avez l'habitude de vous lever matin.
je peinsen migniature,	en miniature.
une manifacture,	une manufacture.
cette femme est maline,	est maligne.
de bons matéraux,	matériaux.
un mot, un sot,	sans faire sonner le *t*.
malgré qu'il sè,	quoiqu'il soit.
un moigneau,	un moineau.
du moiron,	du moron.
une monticule,	un monticule.
ses pères et mères,	son père et sa mère.
le chat miale,	miaule.
une mulâtresse,	une mulâtre.
j'ai lu sur le moniteur,	dans le moniteur.
Michel ange, prononcez,	Mikel ange.
par mégard,	par mégarde.
une mornife,	une mornifle.
indemniser, indemnité,	prononcez indamnisé, indamnité.
immortel, immanquable, immuable,	faites sonner les deux *m*.
des nantilles,	des lentilles.
des nèfes,	des nefles.
des souliers neufes,	neufs prononcez *neux*.
amen, *abdomen*, *examen*, *hymen*,	faites sonner l'*n*.
dragon impétueux,	sans faire sonner l'*n*; il est nazal.
un petit nain, une petite naine,	un nain, une naine.
un grand géant, une grande géante,	un géant, une géante.
embonpoint, *bonbon*, *bonbonière*,	sans *m*, quoique devant *b*, *p*.
de la noble épine,	de l'aubépine.
une belle orgue,	un bel orgue.
de beaux orgues,	de belles orgues.
une orchestre,	un orchestre.
une ongle,	un ongle.
vous avez l'obtion,	l'option.
une orteil,	un orteil (doigt du pied.

est-ce là où demeure madame,	est-ce là que demeure.
une organe,	un organe.
fais cela ou sinon,	sinon, sans quoi.
un oiseleur,	celui qui prend les oiseaux à la pipée.
un oiselier,	celui qui élève et qui vend des oiseaux.
aoriste, la Saône, août, aoûteron (qui travaille à la récolte des grains).	prononcez oriste, la Sône. oût, oûteron.
paon, paonne, paonneau,	prononcez pan, panne.
Laon, Laonois, taon (grosse mouche).	panneau, Lan, Lanois, tan.
du pain enchanté,	du pain à chanter.
vous jouez la pantomine,	la pantomime.
des pantoufes,	des pantoufles.
une pauvresse,	une pauvre femme.
de la pinpernelle,	de la pinprenelle.
du poturon.	du potiron.
cet enfant piale (populaire),	piaule.
vous pincez de la guitare, de la harpe, du sistre,	vous pincez la guitare, la harpe, le sistre.
plurez cette pomme,	pelez.
un provot,	un prévôt.
une panache,	un panache.
un panagérique,	un panégyrique.
une paraphe,	un paraphe.
la pendule,	le pendule, la verge des vibrations.
j'ai cherché tout par tout,	partout.
cette personne est pardonnable,	est excusable.
cette femme a un beau physique,	a un extérieur agréable.
une chambre plauchiée,	planchéiée.
donnez-moi la pincette,	les pincettes.
ployez votre serviette,	pliez votre serviette.
prenez le pont neuf,	passez le pont neuf.
votre épouse est prête d'accoucher,	est près d'accoucher (sur le point de).
asseyez-vous auprès de moi	près de moi.
je suis prêt de partir	prêt à partir (disposé à partir.)
une plurésie	une pleurésie.

un pumonique,	un pulmonique.
la péripumonie,	la péripneumonie.
cette poire est pourrite,	est pourrie.
des cheveux postiges,	postiches.
donnez-m'en un petit peu,	un peu.
un pipitre,	un pupitre.
j'ai un intérêt pécunier,	pécuniaire.
un parapel,	un parapet.
un pérutier,	un perruquier.
domptable, *dompter*, *dompteur*, *indomptable*, *indompté*,	le *p* ne sonne que dans le discours soutenu.
archiepiscopal, prononcez	arkiépiscopal.
un porichinel,	un polichinel
quelque quelqu'un,	dans la conversation, prononcez quèque quèqu'un.
la *quadrature* d'une montre,	prononcez kadrature.
la *quadrature* d'un cercle,	prononcez coua.
une statue *équestre*,	prononcez écuestre.
entre quatre zyeux,	entre quatre yeux.
quand même qu'il faudrait,	quand même il faudrait.
quelle heure qu'il est?	quelle heure est-il?
qu'est-ce que c'est donc?	qu'est-ce donc.
quasiment,	presque.
je m'en rappelle,	je me le, la ou les rappelle.
air rébarbaratif,	air rébarbatif
ne renversez pas mon bouillon,	ne répandez pas.
récurez ce chaudron,	écurez
des cheveux retapés,	tapés
du fil de réchal,	du fil d'archal.
cette maison est à raz pied à raz terre,	à rez pied à rez terre.
savez-vous où reste monsieur?	où demeure monsieur.
cette dame *entend raillerie*,	ne se fâche pas quand on la raille.
cette dame *entend la raillerie*	sait bien railler.
une ruelle de veau,	une rouelle.
je suis au bout de mon rouleau	de mon rôlet
du jus de réglise,	de réglisse.
rachever,	achever.
un sentinelle,	une sentinelle.
une simple,	un simple. (plante)

un siau d'eau ,	un seau d'eau.
une souguenille,	une souquenille.
vous suchotez ,	vous chuchotez.
ils ne viennent pas souvent ,	pas vite.
un sorcilége	un sortilége.
soupoudrez ces fraises ,	saupoudrez ces fraises.
un serment de vigne ,	un sarment.
une supente,	une soupente.
une secoupe,	une soucoupe.
une personne sciencée,	instruite
j'ai serclé mon jardin ,	j'ai sarclé mon jardin.
du sandaraque ,	de la sandaraque.
les pleurs , un fils , les mœurs , les Grecs , les sens, les fers, tous ,	sans faire sonner l'*s*, excepté devant une voyelle.
faire la salamanec ,	la salamalec (révérence profonde.)
mettez votre signe ,	votre seing.
une cstatue,	une statue.
vous êtes supérieurement bien logé ,	vous êtes bien logé.
trayez ce riz,	triez ce riz.
ces légumes ont de la tendresse ,	de la tendreté.
une tête d'oreiller ,	une taie d'oreiller.
des tendons de veau ,	des tendrons de veau.
je ne veux pas trésauriser ,	thésauriser.
vous perdez la trémontade,	la tramontane.
mettez le tripied ,	le trépied.
tant qu'à cela ,	quant à cela.
aspect, circonspect, respect, suspect,	prononcez aspè, circonspè , etc.
elles sont tousses fatiguées	toutes fatiguées.
vous touchez bien du piano ,	vous touchez le piano.
une fois pour tout,	une fois pour toutes.
vous faites des vilevousses,	des virevousses (tour et retour fait avec vitesse).
ce vin a trop de verdure ,	de verdeur (d'acidité).
un *violoncelle* un *vermicelle* ,	prononcez vermichelle, violonchelle.
j'y vas à l'instant,	j'y vais.
voyez voir ,	écoutez voir.

c'est velimeux,	c'est venimeux.
cette couleuvre a du velin,	a du venin.
je vous l'envoirai,	je vous l'enverrai.
me v'là ;	me voilà.
venez un peu ici,	venez ici.
vous êtes un vétillard,	un vétilleur (tracassier).
cette viande sent le vent,	sent l'event.
j'ai des torts vis-à-vis de vous,	à votre égard, envers vous.
je n'y vois pas,	je ne vois pas.
j'ai fait la volte,	la vole.
il se tourne vers elle,	sans faire sonner l'*s*.
mets toizy,	mets y toi.
conduisez-m'y,	conduisez-y moi.
mene-m'y,	menes-y'moi.
vas y voir si tu veux,	va y voir si tu veux.
donnes en cette occasion,	donne en cette occasion.
j'irai demain à *Aix*	prononcez l'*x* comme un *s*.
en sautant [illegible] tombé à terre,	par terre.
ma tabatière a tombé par terre,	à terre.
on m'a saigné, hier, du pied, du bras,	au pied, au bras.
je saigne au nez,	du nez.

TABLE

TABLE
DES CHAPITRES
Et des articles contenus dans cette Grammaire.

Noms Adjectifs.

Dégrés de Comparaison.

Noms de Nombre.

Pronoms.

Pronoms Personnels.

Pronoms Conjonctifs.

Pronoms Possessifs.

Pronoms Démonstratifs.

Pronoms Relatifs.

Pronoms indéfinis.

Verbe.

PARTICIPE.

ADVERBES.

Prépositions.

Conjonctions.

Interjections.

De l'Impr. d'Adrien Garnier, rue de la Harpe, N°. 35.

www.ingramcontent.com/pod-product-compliance
Ingram Content Group UK Ltd.
Pitfield, Milton Keynes, MK11 3LW, UK
UKHW021543260726
13993UKWH00002B/605

9 782019 679293